U0506874

新华社摄影部 编著

北京男篮CBA四年三冠全纪实

北京出版集团公司
北 京 出 版 社

图书在版编目（CIP）数据

王者之路 ：北京男篮 CBA 四年三冠全纪实 / 新华社摄影部编著 . — 北京 ：北京出版社，2015.6
ISBN 978-7-200-11448-5

Ⅰ. ①王… Ⅱ. ①新… Ⅲ. ①篮球运动—联赛—概况—北京市 Ⅳ. ①G841.92

中国版本图书馆 CIP 数据核字（2015）第 158672 号

王者之路
北京男篮 CBA 四年三冠全纪实
WANGZHE ZHI LU
新华社摄影部 编著
*
北京出版集团公司
北京出版社
出版
(北京北三环中路 6 号)
邮政编码：100120
网 址：www.bph.com.cn
北京出版集团公司总发行
新华书店经销
北京天颖印刷有限公司印刷
*
787 毫米 ×1092 毫米 16 开本 12.5 印张 150 千字
2015 年 6 月第 1 版 2015 年 6 月第 1 次印刷
ISBN 978-7-200-11448-5
定价：99.00 元
质量监督电话：010-58572393

王者之路

北京男篮CBA四年三冠全纪实

编　委　会

主　　编：刘东山

副 主 编：罗更前　王毓国

责任编辑：丁　旭　曹　灿　夏一方

摄影作者：丁　汀　丁　旭　王丽莉　王昊飞　王毓国

公　磊　卢汉欣　白雪飞　朱　峥　刘　平

李　明　李　钢　李俊东　李桥桥　李紫恒

杨　青　吴　壮　吴国才　陈海宁　范敏达

罗晓光　金　宇　周　良　岳月伟　郑　迅

孟永民　赵　戈　胡远嘉　费茂华　秦　朗

徐　昱　徐速绘　郭　勇　曹　灿　黄宗治

戚　恒　梁　旭　韩　岩　廖宇杰　潘昱龙

鞠焕宗

（以姓氏笔画为序）

北京男篮大事记

1956 年 北京男子篮球队成立

1983 年 北京队在全运会男篮决赛中击败常胜将军解放军队夺得全国冠军

1988 年 与首钢集团共建球队，更名为北京首钢篮球队

1995 年 北京队确定以“北京鸭”为吉祥物，随后以“北京鸭首钢队”的队名参加了 CBA 联赛的首季比赛

2005 年 金隅集团取得北京队冠名权，北京首钢男篮正式更名为北京金隅男篮

2014 年 在 2014–2015 赛季 CBA 赛场上，球队以北京首钢男篮的名字征战

2012 年—2015 年 北京男篮四年三次夺得 CBA 联赛总冠军

Friends from XinHua news agency, thanks for your support to me and Beijing Team all the time.

Love is Love

感谢新华社的朋友们对我和北京队的一贯支持。

我爱你们

——马布里

摄取王朝的魂魄

序

图片无声，影集无痕。但当眼神扫过，指尖滑过，一幅幅静态图片，瞬间点燃灵魂深处的激动，复燃内心曾经的烈火。看到《王者之路——北京男篮 CBA 四年三冠全纪实》稿件，这就是我的第一感觉。

这些精彩图片，是新华社摄影部体育照片采编室的记者和编辑们从过去 4 年的近 1 万张照片中精选出来汇集成册的。这些照片不仅记录了北京男篮三个 CBA 总冠军的征战风雨，也记录了北京男篮将士们的心路历程，以及北京球迷和北京男篮的球员胜负同当、荣辱与共的暖心场面。那一个又一个的总决赛决斗瞬间，让这些当代北漂和历代北漂们凝聚成一个新的部落——北京篮球，给在这座城市中生活的人们带来正能量。

北京篮球在 2014-2015 赛季 CBA 中，不但成为 CBA 20 年历史中第三支夺得三座总冠军至尊鼎的球队，也是第三支卫冕成功的球队。而且他们的夺冠和卫冕，是击败了常规赛比他们排名更高的球队，过程大起大落，结局惊心动魄。

这本书还记录了北京男篮从西山脚下六千坐席的首钢篮球中心一路打到一万八千坐席的五棵松万事达中心的历程，这里是北京篮球的神奇之地。从 2012 年早春开始，北京男篮在此连续打了四个季后赛，分别获得 2012 年、2014 年和 2015 年三个 CBA 总冠军。就在本书即将完成的时候，2015 年 4 月 23 日上午，北京首钢篮球俱乐部的东家北京首钢集团和五棵松万事达中心的东家华熙国际集团宣布：北京男篮从 2015-2016 赛季开始，将 CBA 常规赛的比赛全部移师五棵松万事达中心。北京男篮和京城球迷有了新家。北京王朝有了一个新的殿堂。这里会有更多的球迷呐喊，也有更多的激战发生，所以用这样一本继往开来的《王者之路》给殿堂献礼，无疑会激发球员和球迷对于广袤未来更大的期待和对于光荣历史更多的柔情。

同样是在五棵松，2014 年夏天的一件小事，更让我觉得北京篮球的第三个总冠军可能是冥冥之中的命中注定。

2014 年夏天在五棵松篮球公园的一号场地，在一个重要的篮球战靴展示会上，我被邀请和北京队主教练闵鹿蕾一起为到场的球迷和SNEAKER文化爱好者抽奖。闵鹿蕾抽出最后的特等奖，他把手伸进抽奖箱，搅和几下之后，抽出一个乒乓球，那个球上标的号码，竟然是1号！

看到1号，闵指导回头冲我眨眼一笑，这时候主持人也在高喊1号球迷前来领奖，很应景地祝贺球迷，同时祝贺闵指导，这个1号会给北京篮球带来又一个第一！

后来北京男篮和闵鹿蕾真的拿到了自己的第三个第一。再谈到这件事儿，闵鹿蕾几乎都忘了。但十分确定的是，作为卫冕冠军，2014年夏天他们的夏训开始得比往年更早，训练得更苦，要求得更严。“职业联赛中哪有什么幸运签啊，都是苦练的结果，都是拼出来的。”闵鹿蕾这样回顾北京男篮刚刚过去的赛季。

其实，和北京男篮一样拼的还有新华社摄影记者，每个赛季的每场比赛都是早到晚归，而且不是一个人在战斗，是多机位在工作。如果说朱彦西的补篮和马布里的绝杀是神来之笔，那么能把这些精彩瞬间抓住并拍下来就更不容易。因为球员是主动做动作，而摄影记者是被动跟随，反应时间上总有一个延迟瞬间，所以那些精彩瞬间真的不是瞄好了才拍的，而是拍完了才发现有一张是精彩瞬间。体育摄影，特别是像篮球这样全方位、快节奏、大幅度、高对抗的项目，能够拍好、拍全、拍出来能用，已实属不易，更不要说拍出来能够成为经典，成为凝固的永恒瞬间！

所以，这绝对不是任何人拿起一台专业相机就可以做到的，就像不是每个人拿起一个篮球就能成为马布里的道理是一样的。

正是因为篮球和摄影有如此魅力，所以在 40 岁之前，我曾不遗余力千方百计想改行当摄影记者。一图胜千言！得到一张好图，就像狙击手命中一个目标那样痛快。特别是在 1992 年巴塞罗那奥运会上，面对金光灿烂的“梦之队”大神们，我感到手里那支钢笔是多么的无力。那时候的电脑中文应用还处在萌芽期，中文稿件都要用手写。后来经过四届奥运会后，我终于放弃了当摄影记者的苦梦。因为我意识到，那不是光有身高和体力就可以做好的职业，那是一种使命、灵感和辛苦交集的特殊行业。他们抓到的那些瞬间，就是篮球这项神奇的运动和打篮球的那些大小球星们灵魂出窍的直观瞬间！

祝贺和感谢我的新华社摄影部的同事们，在北京王朝崛起的过程中，你们记录下了他们的灵魂和足迹！在中国体育，特别是三大球崛起的未来，你们能给更多的城市和更多的人留下更多感人的瞬间。

2015 年 5 月 6 日

（作者系新华社高级记者、著名篮球评论员）

目录

Contents

2011

第一章

首次问鼎

2011—2012 赛季

文 / 王毓国

2012 年 3 月 30 日对于北京男篮来说，是一个具有里程碑意义的日子，就在这天晚上北京队以 124∶121 击败卫冕冠军、“七冠王”广东队，从而以 4∶1 的总比分，历史上首次夺得 CBA 总决赛冠军。这是北京队自 20 世纪 80 年代以来，时隔 29 年，再次夺得全国冠军！

整个五棵松体育馆成为沸腾的海洋，欢声笑语与泪水交织在一起，宣泄着震撼人心的力量。的确，这个总冠军就像一场及时的甘霖滋润着北京久旱的篮坛。

回眸历史，北京队上一次夺得全国冠军还要追溯到1983年的全运会，当时以闵鹿蕾、袁超为班底的北京男篮击败常胜将军解放军队，问鼎全运会冠军。但是随着社会环境的变化以及职业化的兴起，北京男篮在随后很长一段时间陷入低潮，无论顶级联赛还是全运会都收获甚微。特别是 1995 年 CBA 联赛正式开始后，北京队虽有单涛、巴特尔等名将助阵，但成绩总是在第三至第九名间徘徊，眼巴巴看着八一、广东轮流坐庄。在 2008–2009 赛季，当北京队连续三个赛季以第九名的成绩无缘季后赛时，主教练闵鹿蕾被球迷大喊“下课”，这是他自 1997 年执教北京队以来经历的人生低谷。

人常言“知耻而后勇”，北京队经历了巨大阵痛后，在 2011 年下半年进行了人员换血，首先在外援上“轰走”了前 NBA 火箭队当家球星、姚明的队友弗朗西斯，签下了另一位曾辗转山西、佛山等队表现优异的前 NBA 悍将马布里，在国内球员上引进了吉喆，并成功留住了李学林和莫里斯，起用新人翟晓川、朱彦西，从某种程度上补强了实力。尽管如此，对于今后的成绩，谁心中也没有底。

2011–2012 赛季 CBA 常规赛打响后，由于马布里的加入，年轻的北京队异军突起、高歌猛进，取得了队史最长的 13 连胜，成为一匹大黑马。常规赛结束时北京队以 21 胜 11 负排名第二的队史最佳战绩闯入季后赛。在半决赛中，北京金隅队遭遇本赛季另一匹“黑马”山西队，两队在一定程度上颇为相似，都拥有出色的外援和多名“国产”得分点。山西队常规赛场均得分超过 111 分，位居联盟榜首，吕晓明、段江鹏、葛昭宝等国内球员与马库斯・威廉姆斯、查尔斯・甘尼斯组成的山西队给北京队带来了巨大挑战。双方最终激战 5 场，北京金隅队凭借马布里关键时刻的发挥以 3:2 险胜，首次晋级总决赛。

总决赛是在北京队与卫冕冠军广东队之间进行的，当时的舆论一边倒地倾向广东队，因为拥有众多国手的广东队已经7次获得总冠军，无论是经验还是实力，都在北京队之上。

2012年3月21日，北京队坐镇主场五棵松体育馆迎战广东队，迎来了自己总决赛的首秀，结果北京队在马布里的带领下，尽管付出了内线双塔被罚下的代价，但不负重望，以108:101险胜广东队，总比分1:0领先。在接下来三个回合的较量中，北京队乘胜追击，又获得了两胜一负的战绩，将总比分改写成3:1，这一成绩使不少国内篮球专家大跌眼镜，他们惊呼：北京黑马要“黑”到底了！

决定命运的总决赛第五回合角逐于3月30日在北京五棵松体育馆拉开战幕。首节比赛，广东队破釜沉舟，一上来就拿出拼命架势，积极逼抢，打法凶狠，至结束时以36:25领先北京队。第二节开始后，广东队连得4分领先15分，随后马布里爆发，一人连砍8分缩小了分差。之后北京队又连得7分将比分追成40平。关键时刻，双方队员都不手软，形成了拉锯战，上半场结束时，北京队以62:57领先广东队，而马布里已经三次犯规。第三节北京队换上双外援，双方的比赛进入白热化，展开了三分球大战，比分交替上升。第三节结束，北京队以94:93的微弱优势领先。

关键的第四节开始后，风云突变，广东队连得4分反超比分，之后又连连得分将优势扩大到10分，逼迫闵鹿蕾两次叫了暂停。在紧急时刻又是马布里挺身而出予以还击，他连突带罚帮助球队缩小了差距。终场前4分15秒，马布里得到篮板后发动快攻，助攻翟晓川上篮得分，北京队成功反超。终场前1分21秒时布鲁克斯突破造成马布里犯规，老马不情愿地六犯离场。比赛还剩10.2秒时，布鲁克斯突破被莫里斯盖帽，这时广东队仅落后两分。之后布鲁克斯右侧底线出手三分不中，陈磊抢下前场篮板，广东队采取犯规战术。比赛结束前 6.1 秒，陈磊 2 罚 1 中。广东队快攻，布鲁克斯和辛格尔顿各自出手三分不中。最终，北京队以 124:121 击败广东队，首夺 CBA 总冠军！

就在比赛结束的那一刻，整个五棵松体育馆炸响了，球迷们“总冠军”的呐喊声此起彼伏，震耳欲聋。北京队的场上场下队员冲到一起相拥成团庆祝胜利。头披毛巾的马布里张开双臂仰天长啸，事后他激动地说：“我信守了诺言，我来中国时就承诺自己会带领球队得到总冠军，我做到了。”回到休息室后，北京队每个队员的脸上泪水与汗水交织，主教练闵鹿蕾回答记者提问时哽咽难语，铁汉马布里更是失声哭泣，似乎是对心中以往“郁闷”的宣泄。本赛季马布里场均得到 26.96 分，总决赛场均 33.4 分，尤其是最后一场总决赛，他拿下 41 分、7 次助攻，无疑是北京队夺冠的头号功臣。

然而正是这个“独狼”马布里，曾几何时无论在 NBA，还是在 CBA 的山西队、佛山队，常常不得志，虽然表现优异，但总摆脱不了“只开花不结果”、“颠沛流离”的命运。直到加盟北京队，马布里终于找到了归宿，他厚积薄发，全身心投入训练和比赛，对队友与球队的帮助很大，化学反应明显，赢得了队友们的尊敬，“马政委”的绰号也随之叫开。最终，在一群得力队友的支持下，马布里完成了球队和个人的历史性突破。为此，他把中国视为自己的再生之地——“我会在中国退役，我还要继续打球。”

在颁奖仪式前，队员们将马布里高高抛起，以示对他贡献的褒奖。在颁奖仪式上，当马布里和队友们高高举起 CBA 冠军鼎时，也预示着北京男篮王朝时代的到来。

钟情北京 马到成功

2011年8月在北京五棵松体育馆举行的洲际俱乐部冠军赛后的新闻发布会上，北京队主教练闵鹿蕾透露北京男篮已经与马布里签约。

马布里曾是美国NBA赛场响当当的人物。他生于1977年，在1996年第一轮第4顺位被雄鹿队选中，之后很快被交易至森林狼队。NBA职业生涯还效力于网队、太阳队、尼克斯队和凯尔特人队，两次入选NBA全明星阵容。2010年，马布里来到中国正式加盟CBA山西队，在效力半个赛季后双方分道扬镳。马布里对北京一直情有独钟，想来北京打球，但北京队当时选择了前NBA火箭队“老大”弗朗西斯，马布里只好去了佛山。之后，马布里又多次与北京队接触，最终被北京队接纳。

马布里加盟北京队后，使全队发生了化学反应，他帮助球队制定战术，指导年轻队员提高技艺，成为主教练闵鹿蕾的得力助手，被队友们亲切称为“马政委”。

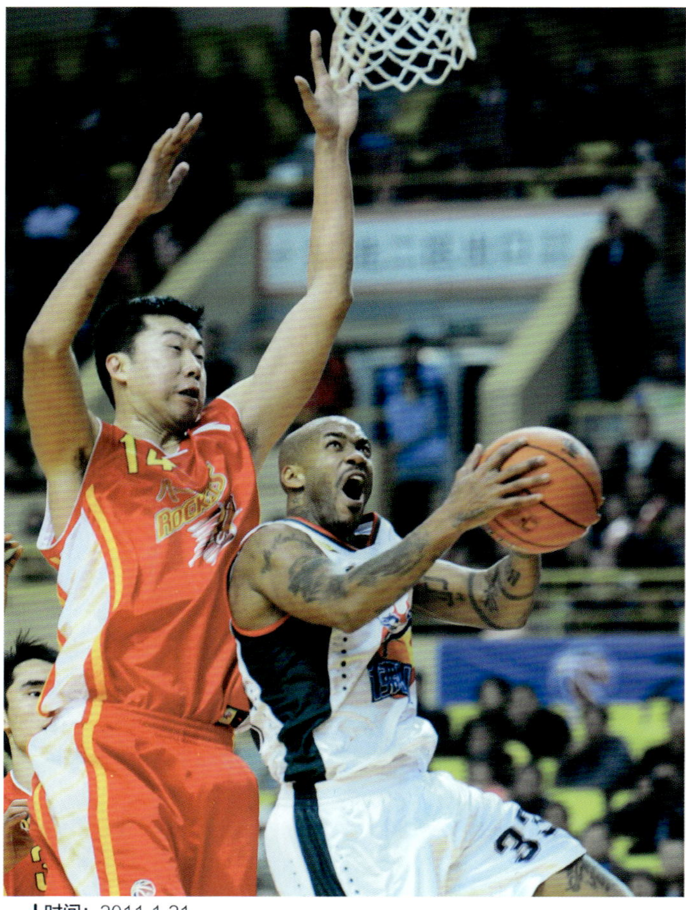

时间： 2011.1.21
地点： 广东佛山
场次： 2010-2011 赛季 CBA 常规赛第 18 轮
结果： 佛山能兴怡翠 103：99 八一双鹿电池

▲ 两位前 NBA 球员马布里（右）与王治郅在 CBA 赛场上的“狭路相逢”，成为本场比赛的一大亮点。

► 赛季前一心加盟北京队的马布里在代表“佛山”出战北京队前进行热身，他炯炯的眼神似乎“渴望”着什么。

时间：2011.1.7
地点：北京
场次：2010-2011 赛季 CBA 常规赛第 12 轮
结果：北京金隅 108：94 佛山能兴怡翠

时间：2011.2.25
地点：广东佛山
场次：2010-2011 赛季 CBA 常规赛第
结果：佛山能兴怡翠 86：74 北京金隅

▲ 前 NBA 球员、姚明的队友弗朗西斯（左）正式加盟北京队，他所穿的球衣号码与在火箭队时的一样，都是 3 号。

◀ 马布里（右上）在篮下巧妙分球。本场比赛马布里砍下 32 分，帮助佛山战胜北京，一雪前耻，同时也让北京队看到了他的价值。

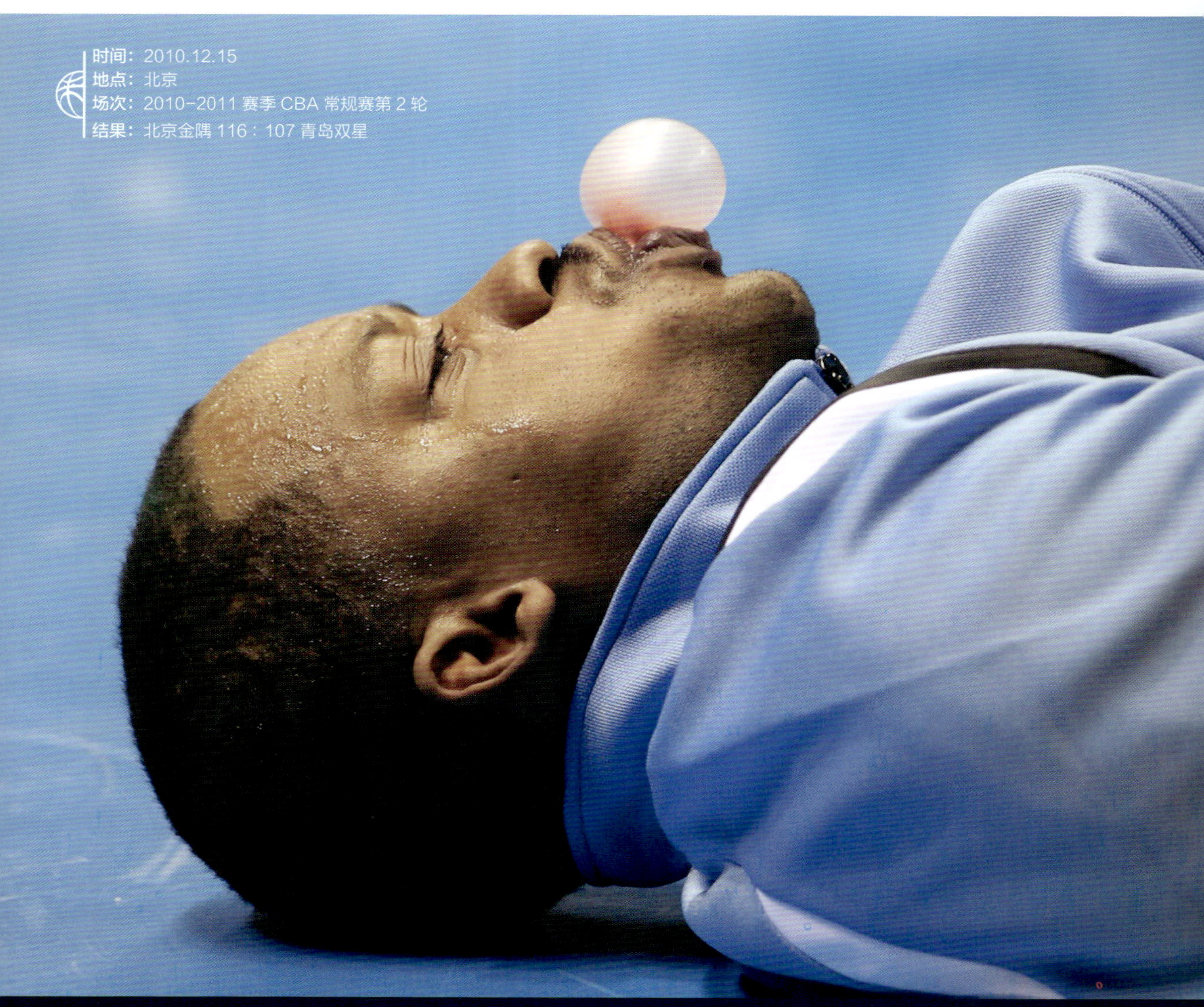

▲ 前 NBA 球员弗朗西斯代表北京队首次亮相 CBA 赛场热身时吹起泡泡糖。他的首秀并不惊艳，只是临近比赛结束时才上场“活动”了一下筋骨。弗朗西斯的 CBA 中国行只有短短的一个赛季，之前被寄予厚望的他让北京队大失所望。

▼ 闵鹿蕾（左）在比赛中向裁判大声申诉。球队表现不佳，闵鹿蕾也急了！

时间：2011.2.16
地点：浙江宁波
场次：2010–2011 赛季 CBA 常规赛第 24 轮
结果：八一双鹿电池 107：104 北京金隅

时间：2011.3.20
地点：北京

◀ 在 CBA 全明星赛开幕式上，马布里（右）抱着中国儿童展示油画。作为当时 CBA 史上最大牌外援，马布里所表现出的亲和力有目共睹。

▼ 早早"赋闲"的马布里（左）坐在场边兴致勃勃地观看总决赛。常规赛中马布里虽拼尽全力，但佛山队仍以 11 胜 21 负的战绩无缘季后赛。

时间：2011.4.22
地点：广东东莞
场次：2010-2011 赛季 CBA 总决赛第四回合
结果：广东东莞银行 122：87 新疆广汇汽车

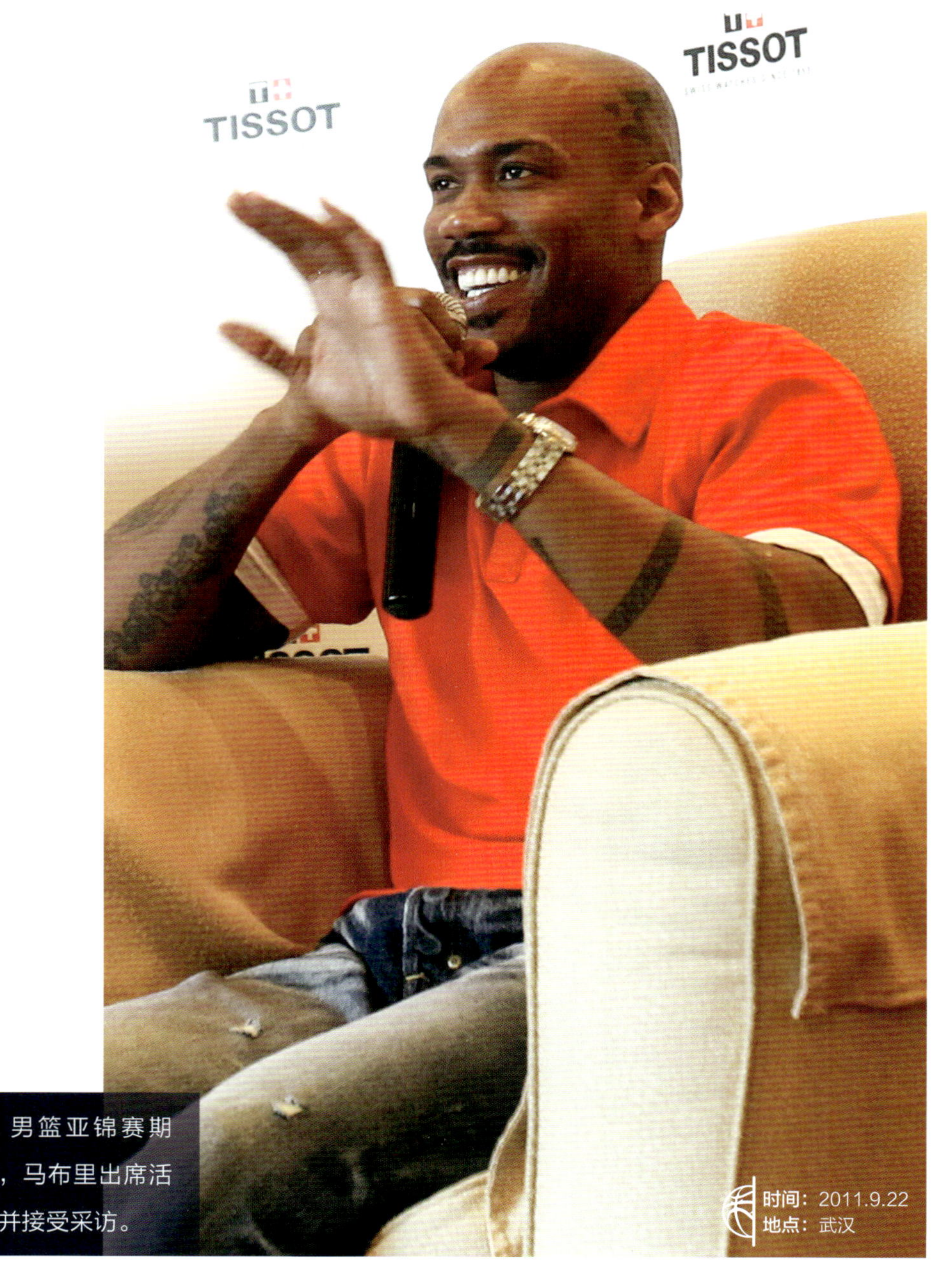

▶ 男篮亚锦赛期间，马布里出席活动并接受采访。

时间：2011.9.22
地点：武汉

► 马布里在比赛中叉腰站立，那派头活像个“政委”。

▼ 本场比赛是马布里代表北京队出战 CBA 的“首秀”，取得开门红。

时间： 2011.11.20
地点： 北京
场次： 2011-2012 赛季 CBA 常规赛第 1 轮
结果： 北京金隅 103：90 吉林九台农商银行

时间：2011.11.25
地点：广东东莞
场次：2011-2012 赛季 CBA 常规赛第 3 轮
结果：广东东莞银行 92：104 北京金隅

▲ 球队“掌门”闵鹿蕾（中）在暂停布置战术时总是细致入微。

2

“双子新星”横空出世

北京队以马布里领衔的全新阵容出战2011–2012赛季CBA联赛，队里启用了刚刚从青年队选拔上来的年轻小将翟晓川和朱彦西。在比赛中，两个小将初生牛犊不怕虎，敢打敢拼，对球队贡献很大，成为联赛耀眼的新星，受到主教练闵鹿蕾的肯定，连马布里也称赞说：两个90后“菜鸟”在比赛中极富激情，成为季后赛中马布里不可或缺的左膀右臂。在总决赛中，两人更是同时爆发，朱彦西场均得到10分，翟晓川更是砍下国内球员最高的13.4分。翟晓川、朱彦西的出色发挥也给其他队的国内球员特别是年轻球员带来了启迪：在当今CBA外援主打的赛场，国内球员不是没有用武之地！翟晓川、朱彦西因表现出色入选国家队。

由于北京队整体实力的提高，在常规赛一路高歌猛进，过关斩将，取得了队史最长的13连胜，成为一匹大黑马。常规赛结束时，北京队以21胜11负排名第二的队史最佳战绩闯入季后赛。

► 绝杀！翟晓川（中）在读秒时刻投进制胜一球，那激动之情溢于言表。

时间： 2011.11.23
地点： 北京
场次： 2011–2012 赛季 CBA 常规赛第 2 轮
结果： 北京金隅 102：101 辽宁衡业

► 出色的身体条件使得朱彦西（左）能攻能防，在篮下为北京队筑起一道城墙。

► 内线铁塔莫里斯（右）在篮下竖起保护伞，为北京队夺得胜利保驾护航。

时间：2012.2.10
地点：北京
场次：2011–2012 赛季 CBA 常规赛第 32 轮
结果：北京金隅 110：102 佛山友诚金融

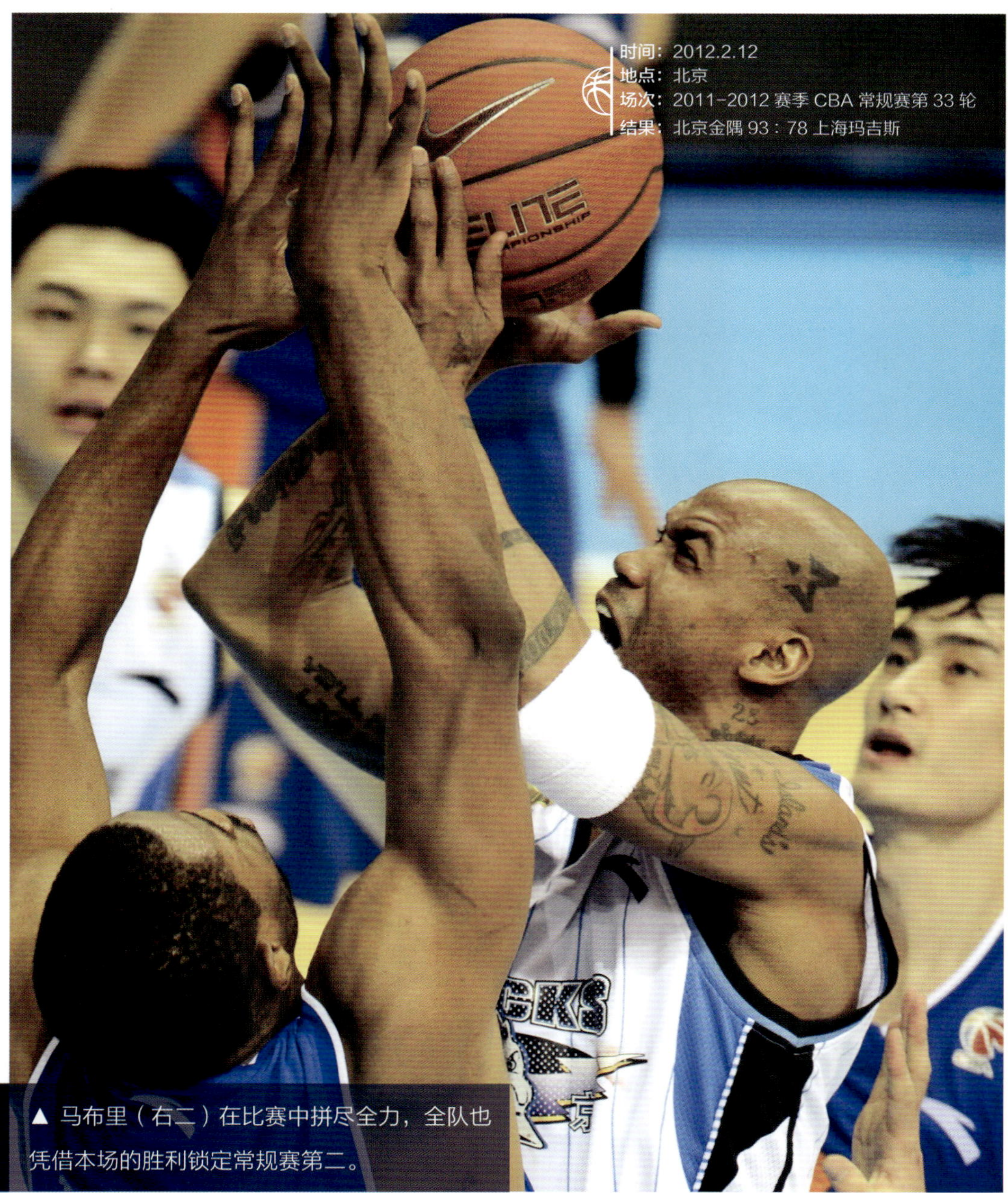

时间：2012.2.12
地点：北京
场次：2011-2012 赛季 CBA 常规赛第 33 轮
结果：北京金隅 93：78 上海玛吉斯

▲ 马布里（右二）在比赛中拼尽全力，全队也凭借本场的胜利锁定常规赛第二。

时间：2012.4.19
地点：北京国家体育总局

► 朱彦西凭借在联赛中的出色表现首次入选中国男篮，圆了为国家队效力之梦。

时间：2012.4.21
地点：北京五中分校

◄ 北京队朱彦西为小球迷签名。

▼ 北京队“双子星”翟晓川（前左）、朱彦西（中）与小球迷互动。

北京队携常规赛队史最佳战绩挺进季后赛，并在四分之一决赛中以3:0横扫浙江广厦队，时隔六年后重返半决赛。在与马布里的昔日老东家山西男篮对决中，北京队一波三折，惊心动魄。

2012年3月4日，北京队做客太原挑战半决赛对手山西队，拉开了五场三胜制的首轮战幕。

由于李学林投失关键3分，北京队最终以119:122告负，此战马布里虽拿下42分也无力救主。3月7日，北京队坐镇主场迎来第二轮比赛，结果全队四处开花，5人得分上双，以132:123扳回一城。第三轮较量于3月9日仍在北京举行，北京队凭借双外援疯狂砍下84分的优势，以128:115战胜山西队，其中马布里一人独得53分。第四战于3月11日回到山西太原举行，是役北京队运气不佳，最后时刻李学林和翟晓川接连投失绝杀球，无奈以100:102憾负对手，双方总分战成2:2。3月18日，北京队在主场迎来了生死战，全队上下发挥出色，最终以110:98淘汰山西队，首次昂首闯进CBA联赛总决赛，对阵“七冠王”、卫冕冠军广东队。

大战山西 惊心动魄

时间：2012.3.4
地点：山西太原
场次：2011-2012 赛季 CBA 季后赛半决赛首回合
结果：山西汾酒集团 122：119 北京金隅

时间：2012.2.26
地点：北京
场次：2011-2012 赛季 CBA 季后赛四分之一决赛第三回合
结果：北京金隅 105：91 浙江广厦

▲翟晓川（左）在关键的四分之一决赛的第三场比赛中交出 16 分 10 个篮板的两双战绩，帮助球队横扫浙江队，晋级半决赛。

◀ 面对老东家山西队，马布里（右）打得毫不手软，砍下 42 分，但无奈最后时刻队友投失关键 3 分，不得不饮恨吞下失利苦果。

►为了胜利，马布里（中）夹缝中求生存，誓要带领球队尝尝总决赛的“味道”。

时间：2012.3.9
地点：北京
场次：2011-2012 赛季 CBA 季后赛半决赛第三
结果：北京金隅 128：115 山西汾酒集团

◀莫里斯（右三）与山西队外援查尔斯（右二）在篮下上演强强对话。北京队客场无奈以 2 分败北，双方不得不进行第五场较量。

时间：2012.3.11
地点：山西太原
场次：2011-2012 赛季 CBA 季后赛半决赛第四回合
结果：山西汾酒集团 102：100 北京金隅

◄ 北京队在第五回合艰难取胜山西队挺进总决赛，马布里（右）终于笑了。

► 在第五回合关键之战中，莫里斯（右）不负众望拿下 27 分，功不可没。

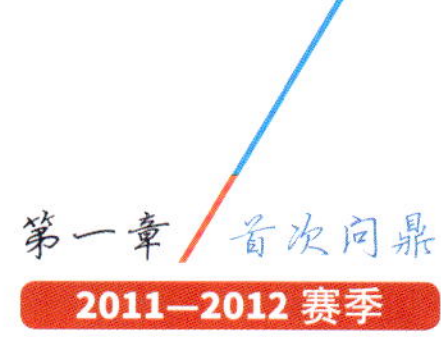

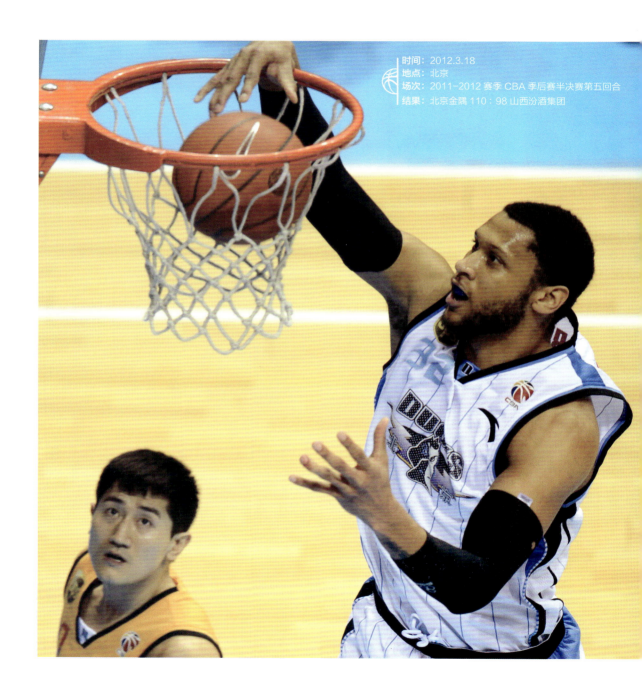

时间：2012.3.18
地点：北京
场次：2011-2012 赛季 CBA 季后赛半决赛第五回合
结果：北京金隅 110：98 山西汾酒集团

时间：2012.3.18
地点：北京
场次：2011-2012 赛季 CBA 季后赛半决赛第五回合
结果：北京金隅 110：98 山西汾酒集团

◄ 首次挺进总决赛，马布里（前右）和队友尽情享受胜利的喜悦。

► 马布里回到休息室后放声痛哭，似乎“哭尽”过去的一切郁闷。

时间：2012.3.18
地点：北京
场次：2011-2012 赛季 CBA 季后赛半决赛第五回合
结果：北京金隅 110：98 山西汾酒集团

►闵鹿蕾在第五回合的细腻指挥，使全队协调一致“奏”出了最强音。

时间：2012.3.21
地点：北京
场次：2011-2012 赛季 CBA 总决赛首回合
结果：北京金隅 108 : 101 广东东莞银行

时间：2012.3.21
地点：北京
场次：2011-2012 赛季 CBA 总决赛首回合
结果：北京金隅 108 : 101 广东东莞银行

2011-2012 赛季 CBA 总决赛不仅是队员之间的拼争，更是广东队冠军教头李春江（左图）与北京队主帅闵鹿蕾（右图）之间的较量。最终，闵鹿蕾笑到最后，问鼎总冠军。

► 首次晋级总决赛就尝到了冠军的滋味，闵鹿蕾（右）和马布里（右二）在颁奖仪式上共同举起冠军鼎，激动之情溢于言表。

▼ 马布里（中）“脑后长眼”为队友送出妙传。老马的穿针引线，盘活了整个球队。

时间：2012.3.21
地点：北京
场次：2011-2012 赛季 CBA 总决赛首回合
结果：北京金隅 108：101 广东东莞银行

时间： 2012.3.30
地点： 北京
场次： 2011-2012 赛季 CBA 总决赛第五回合
结果： 北京金隅 124：121 广东东莞银行

时间：2012.3.30
地点：北京
场次：2011-2012 赛季 CBA 总决赛第五回合
结果：北京金隅 124：121 广东东莞银行

马布里尽情享受总冠军的滋味，亲完金牌（左图），又亲冠军鼎（右图）。

►“北京是冠军”，沸腾的五棵松篮球场见证了属于北京的荣耀，预示着一个新王朝的崛起。

时间：2012.3.30
地点：北京
场次：2011-2012 赛季 CBA 总决赛第五回合
结果：北京金隅 124：121 广东东莞银行

第二章 王者胜利

2012—2013 赛季

文 / 孟永民

虽说北京队能够夺得 CBA 总冠军是全队共同努力的结果，但相信更多的人不得不承认，球队夺取总冠军的最大功臣就是马布里。这位前 NBA 全明星级别的超级球星曾被誉为联盟的“独狼”，游走于 NBA 各支球队，屡不得志。然而，来到北京队以后的他仿佛变了个人，不但训练、比赛兢兢业业，还经常言传身教，将自己多年征战积累的比赛经验无私地传授给北京队的球员。他在用自己的实际行动带领北京队向前发展，是球队真正的精神领袖。同时，马布里也真心把北京当作自己的第二故乡，训练和比赛之余他充分领略北京人的生活：他乘坐地铁去参加训练，和朋友一起去德云社听相声，品尝北京的各色美食，通过微博与球迷互动交流，看望身患绝症的小球迷，所有的这些都表现出他对这个城市的无限热爱。

2012–2013 赛季北京队作为卫冕冠军重新上路，在球队原有的夺冠阵容之外，他们又引进了原青岛双星队的李根，以增强进攻端的火力点。李根曾经是青岛双星队国内球员当中的主要得分手，身体素质好，爆发力强，能突能投，进攻方式较多。他的加盟从一定程度上增强了北京队的进攻点，这样可以缓解马布里的压力，让他分配出更多的精力来组织全队。如何用好李根，让他能够与全队融合，充分发挥他的技术优势，是摆在北京队面前的一个重要课题。

2012–2013 赛季 CBA 联赛揭幕战在北京队主场打响，他们的对手是姚明“姚老板”的上海玛吉斯队，由于新赛季“大将军”阿里纳斯的加盟，使得这场揭幕战格外让球迷期待。阿里纳斯也曾经是 NBA 炙手可热的超级控卫，他与马布里的对位成了这场比赛的最大看点。然而让球迷大跌眼镜的是，阿里纳斯在第一节只打了 6 分 20 秒便在没有身体对抗的情况下拉伤了腹股沟被迫离场，剩下的时间里上海玛吉斯队只能以单外援应战。阿里纳斯的意外受伤让比赛失去悬念，北京队最终以 94 : 78 轻取上海玛吉斯队，取得新赛季的开门红。

纵观常规赛的前半段，北京队一路高歌猛进，打出了卫冕冠军的气势，以 13 胜 3 负的战绩获得半程冠军，充分回击了上赛季夺冠后一些人的质疑。然而，在常规赛的后半段，球队也逐渐暴露出一些问题：个别球员发挥不稳定，使得主教练在用人方面难以抉择；关键时候对马布里过于依赖，使得比赛结果几乎完全取决于马布里的发挥；同时，球队也出现疲态，伤病情况有所增加。所以在常规赛后半段，北京队的战绩不太理想，到常规赛结束时北京队以 21 胜 11 负的战绩排在广东和山东之后，处在联赛第三的位置上。

常规赛从一定程度上能反映球队的整体实力，但真正检验球队水平的还是季后赛。季后赛首轮，北京队对阵常规赛排在第六名的浙江广厦队。浙江广厦队的主教练是执教水平一流的前国家队主帅王非，队内还有拉莫斯、林志杰、王征等一干猛将，但从整体实力上来讲，还是略逊于北京队。在季后赛首轮的第一场较量中，北京队就在客场以 110:96 轻松战胜对手。随后的两个主场，北京队一鼓作气，均以较大比分击败对手，毫无悬念地晋级四强。

到了半决赛，北京队的对手是本赛季风头正劲的山东黄金队。虽然山东黄金队上个赛季的排名较低，但他们“因祸得福”，根据联赛新赛制，本赛季他们可以拥有三外援（包括一名亚洲外援），而他们队的亚洲外援正是约旦球员阿巴斯。在 CBA 赛场上有一个“阿巴斯定律”，就是拥有阿巴斯的球队都打进了季后赛，这足以说明阿巴斯的实力。此人能攻善守，技术全面，尤其以篮板球著称。他打球合理，篮球智商较高，是个极其难缠的狠角色。同时，山东队的本土年轻球员也成长很快，像丁彦雨航、睢冉、李敬宇、陶汉林等球员，都先后入选过国青队或国奥队，无论是身体条件、技术水平还是经验都不容小觑。

双方第一个回合的比赛在北京队的主场进行，山东队凭借球员出色的身体条件和充沛的体能让主队吃尽了苦头，这种高强度的身体对抗让北京队球员很不适应，大大影响了他们的进攻效率。尽管马布里拼尽全力拿下 28 分，莫里斯砍下 21 分 14 个篮板，而国内球员除了朱彦西得了 22 分外，其他球员集体哑火。反观山东队，阿巴斯拿下 30 分 18 个篮板的大号两双，杰特得到 30 分，三个外援累计得分 77 分。最终，山东黄金队以 108:92 从客场带走一场胜利。

第二回合，回到主场的山东黄金队依然稳扎稳打，信心十足。已无退路的北京金隅队放手一搏，马布里带领球队奋力反扑，上半场比赛结束时双方战成 44 平。然而到了第三节，山东黄金队的三外援优势逐渐显现，他们对北京队内线频频发起冲击，打了一节 30:23，从而领先 7 分进入第四节。尽管最后一节马布里不断杀入对方内线得分，无奈独木难支，北京队最终还是以两分之差败北。

第三回合的比赛依然是在山东黄金队主场进行，已经两连胜的山东黄金队信心满满，而北京队也只能殊死一搏。北京队开局不利，16:32 结束第一节。第二节北京队双外援联手试图将比分追近，可是国内球员支持不够，仍然难敌山东黄金队。尽管北京队在第三节一度将比分追到只差 6 分，可球员们失误连连，命中率下降，最终以 82:101 败下阵来。这样，北京队以 0:3 的总比分不敌山东队，成为 CBA 历史上第一支在半决赛中惨遭横扫的卫冕冠军队。

本赛季球队虽然引进了“300 万”先生李根，这位在赛前被球队和球迷寄予厚望的“全能先生”在整个赛季的表现不尽如人意，由于与球队磨合期较短，自身状态起伏不定，给球队的排兵布阵带来一定影响。另外，一直在球队扮演关键角色的宝岛后卫李学林，也受腰伤困扰状态有所下滑，在他缺阵的一段时间里，北京队更是陷入连败的低谷。在上赛季大放异彩的“双子星”翟晓川、朱彦西本赛季由于伤病困扰，且各队都在场上对两人严加看管，使得“双子星”的发挥受到了极大限制。全队上下从进攻到防守都在依靠马布里苦苦支撑，国内球员没能给予足够的帮助。在残酷的季后赛中，面对实力稍逊一筹的浙江队还能勉强支撑，而面对由国内新生力量加强悍外援组成的山东队则难逃厄运。北京队被“横扫”以后，很多人觉得马布里已经老了，不可能再像以前那样神勇，如果北京队国内球员没人能站出来担当重任，北京队很可能就此没落，今后也很难再染指总冠军奖杯。

褒奖老马 树立雕像

2012年5月13日，在北京五棵松万事达中心南广场上，一身西装的马布里和队友一同为自己的雕像揭幕。该尊雕像是北京球迷树立的，这在CBA历史上是从未有过的事情，也充分说明了马布里在广大球迷心中的地位。雕像上的马布里高举象征CBA最高荣誉的至尊鼎呐喊庆祝，展现出舍我其谁的王者气概。站在雕像旁的马布里动情地说："我热爱这个城市，我热爱北京的球迷，我来到这里就是要给北京夺得冠军，今天我做到了，今后我还会继续努力为球队夺得更多的冠军。"有人说：CBA有两种外援，一种叫马布里，另一种叫"其他"。别的外援大都把打球视为工作，打完一个赛季拿钱走人。而马布里则把CBA当作自己的事业，他最大限度地融入球队，对队友言传身教，让球队的所有人拧成一股绳，齐心协力、彼此信任，这种凝聚力和领袖气质是很多外援不具备的。

时间：2012.5.13
地点：北京

◀ 马布里（右）与姐姐共同为铜像揭幕。这座铜像是北京球迷送给马布里的最好褒奖。

▲ 马布里（中）为自传《我是马政委》签售。

▶ 马布里蜕变成“马政委”后似乎能文能武，挥毫写下“马布里出书了”。

时间：2012.5.10
地点：北京

◀ 荣膺由网友选出的“最有价值球员，马布里动情地亲吻奖杯。

▲ 马布里（上中）与队友现身工体为北京国安队加油。来到中国后，马布里一改“坏小子”形象，开始全新生活，挤地铁、听相声、看球赛，老马努力使自己融入这座城市。

2 李根加盟 亦喜亦忧

李根是一名非常有特点的球员，在青岛双星队时，他与前NBA球员麦蒂搭档，是队内国内球员中得分能力最强的。他在2012年CBA广州全明星赛上一战成名，独得31分，荣膺全明星赛最有价值球员奖（MVP）。他技术全面，爆发力出众，既能突破到篮下强攻，又能在外线投射三分球。北京队上赛季夺冠后，以300万的年薪与李根签约，而且一签就是三年。当时有些人质疑李根的实力，他是否值这个身价？他的打法是否适合北京队？他能否尽快融入北京队的战术体系？另外，李根攻强守弱，是北京队防守体系中最不确定的一个环节。为了让李根尽快融入球队，主教练闵鹿蕾没少下功夫。角色的转变需要一个过程，过去他在队里拥有无限开火权，而到北京队后就要有所改变，因为内线有莫里斯，外线有马布里，锋线上还有朱彦西和翟晓川，什么时候该进攻，什么时候该配合，必须要和队友不断沟通磨合才能逐渐形成默契。整个赛季下来，李根的表现算不上稳定，状态好的时候能得20多分，状态不好的时候只能得一两分。

时间：2012.2.19
地点：广东广州
场次：2012 年 CBA 全明星赛

▲ 当时效力于青岛双星队的李根在全明星正赛中独得 31 分，荣膺最有价值球员奖（MVP），一战成名。

▲ 加入一支新的球队，面对诸多改变，李根（右）还在努力让自己融入球队。

▶顽皮的李根在全明星球员探访公益活动中挑战“独眼”乒乓球游戏。

时间：2014.1.18
地点：北京

◀与赛季前的高调加盟相比，李根在比赛中状态起伏不定，时好时坏，成为球队“X”因素。

时间：2012.12.7
地点：北京
场次：2012-2013 赛季 CBA 常规赛第六轮
结果：北京金隅 105：98 山东黄金

时间：2012.12.21
地点：北京
场次：2012-2013 赛季 CBA 常规赛第 12 轮
结果：北京金隅 112：93 浙江稠州银行

► 李根在比赛中霸气扣篮，身体条件出众的他技术全面，能够胜任多个位置，为丰富球队战术打法提供了重要帮助。

半程大哥 虎头蛇尾

很多人觉得在上赛季不被看好的北京队最终战胜实力强大的广东队夺得冠军属于“爆冷”，北京队并不具备冠军实力。甚至还有人认为，北京队是得到了特殊“照顾”才最终夺冠的。因此，作为卫冕冠军的北京队本赛季成为众矢之的，所有球队都对北京队进行充分研究，也都想在北京队身上一展身手，体现实力。即便如此，北京队在常规赛前半程的表现成熟稳健，以 13 胜 3 负的成绩夺得半程冠军，用战绩回应了质疑。能取得这样的成绩，说明球队在联赛开赛前准备到位，李根的加盟更补强了实力，在马布里和李学林的串联下，球队在比赛中多点开花，让对手难以防范。然而，到了常规赛后半段，球队的状态出现波动，输了一些本不该输的比赛，球队内线偏弱的问题尽显无疑，这让对手找到了战胜北京队的办法，最终在常规赛结束时，北京队以 21 胜 11 负的成绩排名第三。

时间：2013.1.30
地点：浙江义乌
场次：2012-2013 赛季 CBA 常规赛第 29 轮
结果：浙江稠州银行 109：104 北京金隅

▲ 马布里（中）在比赛中见缝插针式的突破，令对手防不胜防。

▼ 马布里（右二）以一敌三，杀出重围，当时即将年满 36 岁的老马依然保持着出色的身体状态。

时间：2013.1.18
地点：山东青岛
场次：2012–2013 赛季 CBA 常规赛第 24 轮
结果：青岛双星 104：101 北京金隅

▼ 新赛季面对联赛诸强的挑战，卫冕冠军北京队在马布里的带领下以 13 胜 3 负勇夺半程冠军，势不可挡。

► 已锁定常规赛第三的北京队本场比赛以“全华班”阵容出战同样“全华班”的八一队，最终，北京队略逊一筹败北。

时间：2013.1.13
地点：天津
场次：2012-2013 赛季 CBA 常规赛第 22
结果：天津荣钢 93：80 北京金隅

时间：2013.2.17
地点：北京
场次：2012-2013 赛季 CBA 常规赛第 34 轮
结果：北京金隅 82：99 八一双鹿电池

▲ 名不见经传的小将王骁辉（左）屡屡在比赛中有上佳表演。

▲ 李学林的发挥在球队中起着关键作用，在他因伤缺阵的一段时间里，北京队遭遇连败。

时间：2013.2.3
地点：北京
场次：2012-2013 赛季 CBA 常规赛第 31 轮
结果：北京金隅 93：82 广东东莞银行

▲“奇兵”王骁辉（右）发挥出色，与队友一起在本赛季双杀广东队，并一举终结对手的 15 连胜。

时间：2012.12.9
地点：北京
场次：2012-2013 赛季 CBA 常规赛第 7 轮
结果：北京金隅 114：102 青岛双星

◀ 马布里（左）率领的北京队与麦蒂（右）挂帅的青岛队狭路相逢，与“马政委”的成功相比，前 NBA 得分王麦蒂似乎正遭遇“水土不服”，此役已是青岛队的七连败。

北京队在季后赛首轮可谓顺风顺水，以总分3:0击败浙江队后轻松晋级，但他们在半决赛碰上了难缠的山东队，这块难啃的骨头扮演了北京队的“克星”角色。山东队本赛季以常规赛第二名的身份进入季后赛，他们拥有的三名外援实力不俗，其中弗罗曼和阿巴斯都是技术型球员，既能得分又会传球，另外一名外援杰特个人能力超强，是归化的立陶宛国家队主力后卫。而山东队拥有的国内球员也不弱，吴珂和陶汉林身体条件出众，丁彦雨航和睢冉是近两年崛起的优秀年轻球员，再加上外线神投手李敬宇、速度奇快的许家晗，这样的一支极具冲击力的球队让北京队在半决赛中一筹莫展、吃尽苦头，最终惨遭横扫，成为卫冕冠军心中久久难以抹去的伤痛。

时间：2013.3.3
地点：北京
场次：2012–2013 赛季 CBA 四分之一决赛第三回合
结果：北京金隅 101：87 浙江广厦

◀ 马布里（中）在比赛中突破重围的上篮，预示着北京队轻松跨越浙江队这道屏障，闯进半决赛。

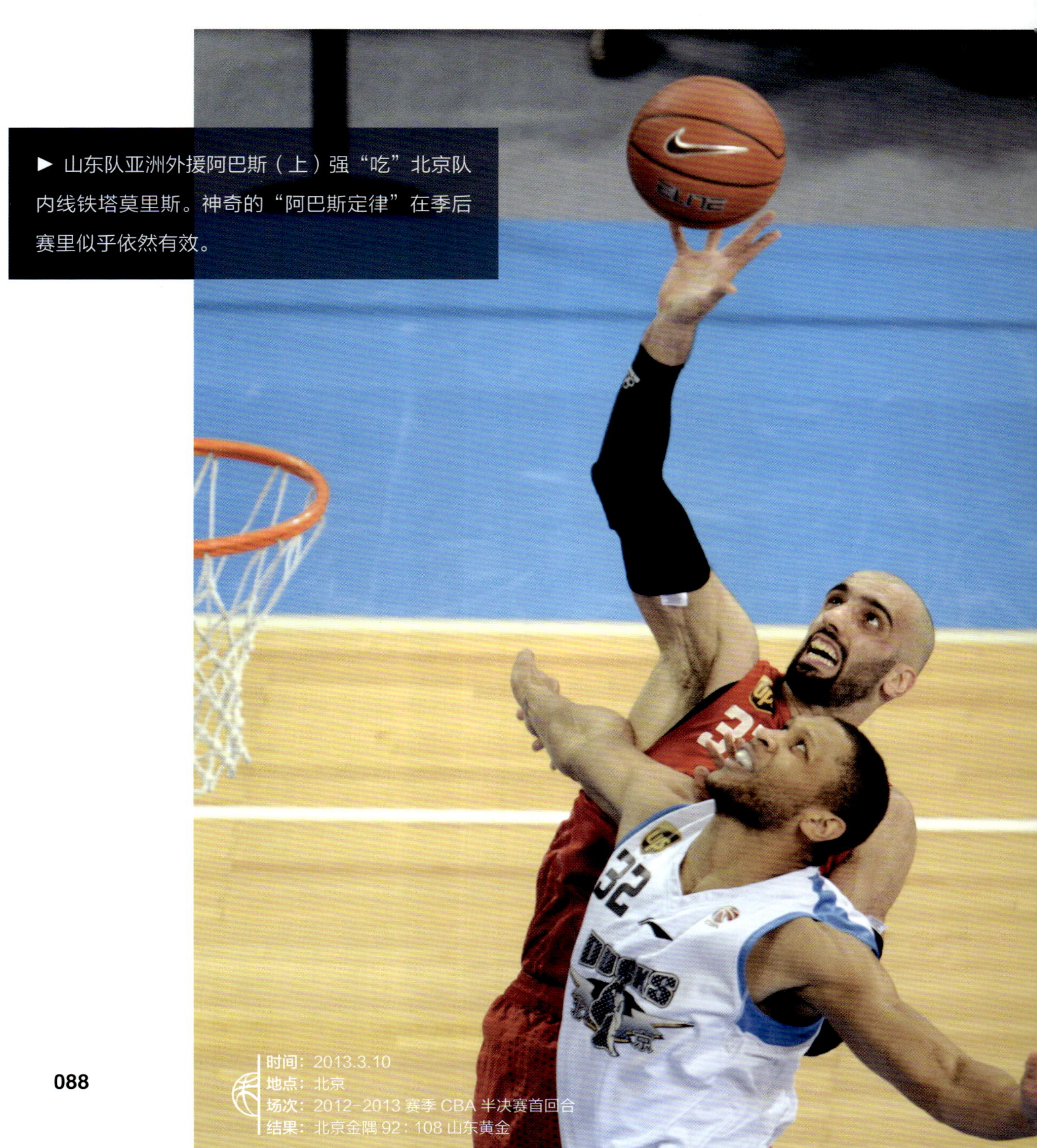

► 山东队亚洲外援阿巴斯（上）强“吃”北京队内线铁塔莫里斯。神奇的“阿巴斯定律”在季后赛里似乎依然有效。

时间：2013.3.10
地点：北京
场次：2012–2013 赛季 CBA 半决赛首回合
结果：北京金隅 92：108 山东黄金

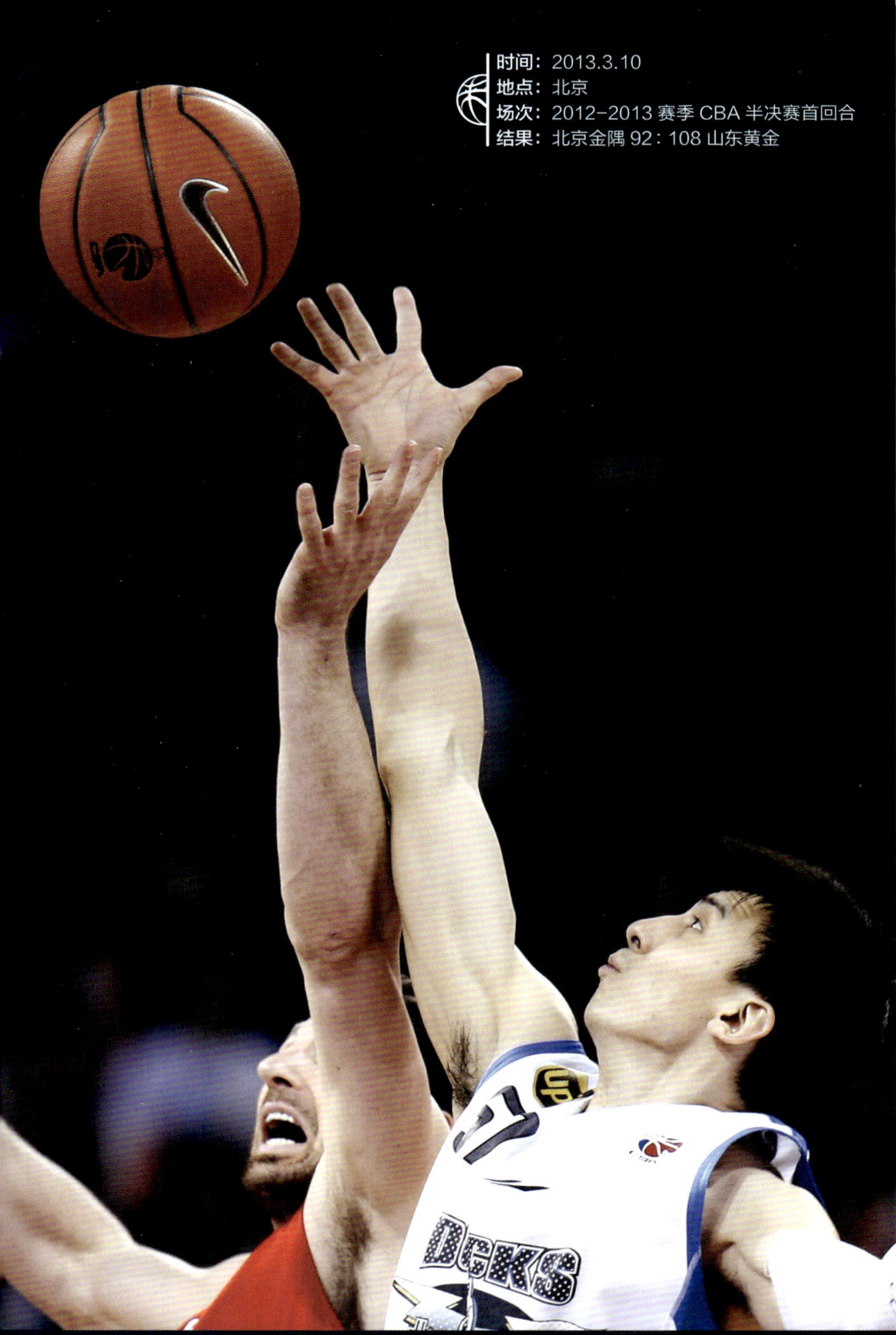

▲吉喆（右）在开赛时与山东队外援弗罗曼（左）跳球，揭开了北京队半决赛痛苦之旅。

▲ 马布里（中）在比赛中总是受到对方包夹“照顾”。由于队友状态低迷，“孤军”奋战的他显得有些独木难支。

时间：2013.3.15
地点：山东济南
场次：2012-2013 赛季 CBA 半决赛第三回合
结果：山东黄金 101∶82 北京金隅

▲ 生死战中的闵鹿蕾在场边“咆哮”。

▼ 卫冕冠军北京队在半决赛中被山东队3:0横扫出局，疲惫的马布里似乎苦不堪言。

时间：2013.3.15
地点：山东济南
场次：2012-2013 赛季 CBA 半决赛第三回合
结果：山东黄金 101：82 北京金隅

时间： 2013.3.15
地点： 山东济南
场次： 2012-2013 赛季 CBA 半决赛第三回合
结果： 山东黄金 101 : 82 北京金隅

▲ 山东队弗罗曼（右）、睢冉（中）筑起双重堡垒严防马布里（左）。

文 / 李俊东

历史总是有神奇的巧合。2012 年的 3 月 30 日，在北京五棵松体育馆，首次打进 CBA 总决赛的北京男篮，在七战四胜制的总决赛中以 4∶1 的总比分击碎了“宏远王朝”的卫冕之梦，夺得 2011–2012 赛季中国男子篮球职业联赛总冠军。仅隔一个赛季的同一天，2014 年 3 月 30 日，北京队卷土重来，在乌鲁木齐红山体育馆以 98∶88 战胜实力强劲的新疆广汇队，在七战四胜的总决赛较量中，以 4∶2 的总比分取得胜利，夺得 2013–2014 赛季 CBA 总冠军。

同样的日子，同样的冠军，北京男篮三年两度夺得赛季总冠军，用自己的韧劲和血性创造了北京篮球的辉煌历史，续写了中国篮球的新篇章。

32

在红山体育馆夺冠的那一刻，闵鹿蕾、马布里、莫里斯、孙悦、吉喆等北京男篮的队员和教练员用泪水和欢笑，表达了 2013–2014 赛季夺冠的艰辛和荣耀。从常规赛到季后赛，再到总决赛，北京男篮演绎了一出惊心曲折、荡气回肠、令人回味无穷的经典夺冠大戏。

北京男篮 2013–2014 赛季的夺冠之路并非一帆风顺，也许上赛季“卫冕失利”的阴影并未散去，“霉运”依然笼罩。新赛季常规赛刚开始不久，核心外援马布里就因伤离队，回国治疗，北京男篮在没有“马政委”的两个月里不得不临时请来新的外援加盟。此外，孙悦、张松涛等新近加盟的四名奥神队员可谓是“临危受命”，由于他们与球队磨合时间短，因此在比赛中的状态起伏不定。在男篮亚锦赛表现不佳的孙悦饱受外界质疑，其右肩习惯性脱臼的伤情不容乐观；而张松涛不稳定的发挥也离球队的要求相去甚远。在 34 轮常规赛中，北京男篮从赛季初的夺冠大热门，下滑到常规赛第四的位置。然而，北京男篮从未放弃杀入总决赛，争夺总冠军的目标。

在季后赛开始后，北京男篮越战越勇，逐渐展露出勇于拼搏、坚韧不拔的自信和王者风范。四分之一决赛，北京男篮击败浙江广厦队，兵不血刃打进半决赛。半决赛对阵广东队，面对上赛季冠军，北京男篮虽然未能在主场淘汰广东队，小有挫折，但依然彰显出舍我其谁的咄咄霸气。在第五场生死战中，在卫冕冠军广东队的主场，北京男篮以 110∶102 击败广东队，12 年来首次把广东队挡在总决赛的大门之外，挺进总决赛。当比赛终场哨响，马布里第一个走下场地，他笑了，笑得就像年轻球员一样阳光灿烂。

总决赛总是那样跌宕起伏、扣人心弦。尽管没能上演最激烈的“抢七大战”，但每一场比赛都是那么精彩绝伦，令人荡气回肠。总决赛中，北京男篮延续着如虹气势和上佳状态，在赛制设计的七局大战中，北京男篮首先远赴乌鲁木齐，连续拿下两个客场，第二战尤其精彩，打到了加时才分出胜负。回到北京的五棵松篮球中心，人困马乏的北京队首个主场即遭到对手顽强的反击，完败给对手。五棵松的次战，谁也输不起。这场近乎肉搏战的较量，是 CBA 史上罕见的激战。双方多名球员被罚出场，多名球员拼抢中受伤出血，包扎后重新上场。最终北京队获胜，拿到了冠军赛点。双方的第五场较量，北京队尽管拥有主场之利，但被仅有单外援，却打出了罕见的坚韧和顽强的新疆队击败，错失主场夺冠的机遇，让新疆队将总决赛带回了乌鲁木齐。北京男篮背负压力再次踏上"魔鬼客场"。最终，在惊心动魄的京疆强强对话中，敢于超越自己的北京男篮笑到了最后，以总比分 4∶2 胜出，捧鼎凯旋。

如果说两年前北京队首夺 CBA 总冠军的头号功臣是球队的核心马布里的话，那么第二次夺取总冠军的北京队，则更是一个出色团队赢得的整体胜利；如果说两年前北京男篮首次夺冠还有一些幸运成分的话，那么今年的再次加冕，含金量更高。这个赛季，北京男篮尽显一支真正意义上的冠军级球队所应有的王者气质。球队不仅获得至尊宝鼎，闵鹿蕾还被授予赛季最佳教练员，马布里被评为赛季最佳外援，莫里斯摘得总决赛 MVP，可谓收获颇丰。

在夺冠的那一刻，主教练闵鹿蕾眼含热泪，激动地夸奖自己的队员，"太难了，这帮孩子太好了，真的感谢这帮队员们，他们太出色、太顽强了！ 大家加油！"北京队的再次夺冠，展现了永不言败的团队精神，标志着一支优秀球队的成熟。

"我们的下一个目标，就是在北京建立篮球王朝。"再次夺冠之后，北京男篮发出了这样的豪言。在 CBA 历史中，被称为"王朝"时代的球队只有八一男篮和广东男篮，这两支队伍都曾 8 次问鼎。北京男篮的三年两冠，相较于曾经的八一王朝、广东王朝来说，还远谈不上开启了真正意义上的王朝时代。然而，在 CBA 近三个赛季的成绩上，北京队绝对称得上是表现最好的球队，特别是本赛季在半决赛中淘汰了公认实力最为强大的广东队，使“广东王朝”12 年来首次被挡在了总决赛门外。此外，队伍的综合实力与人员的配置上，北京男篮也已经跻身于 CBA 第一集团。还有，球迷和球市方面，北京男篮不论是主赛场还是分赛场，球迷基数和球市经营在CBA位居领先地位。因此可以这样说，北京男篮第二次夺冠，为 CBA 开启了一个新篇章，是最有实力和机会建立下一个王朝的球队，“北京王朝”的曙光似乎已经开始渐渐冲开黑夜，亮光初现。

威尔金斯 超级临工

2013–2014 赛季 CBA 常规赛第 28 轮结束后，被北京球迷亲切地称为“人类电视剧精华”的威尔金斯离开北京队。由于马布里因伤回国治疗，由马布里推荐的威尔金斯成为顶替马布里的短期外援。在比赛中，威尔金斯开始状态一般，甚至受到球迷的质疑和嘲讽，然而随着比赛的推进，他逐渐融入全队，竞技状态发挥出色，最终率队取得了 13 胜 6 负的战绩，场均得到 21.2 分、4.6 个篮板和 3.1 次助攻，为北京队在常规赛取得前四的成绩写下了浓重的一笔。威尔金斯不是队中的长久资源，但他战功显赫，很快便赢得了北京球迷的心，可谓超级“临时工”。

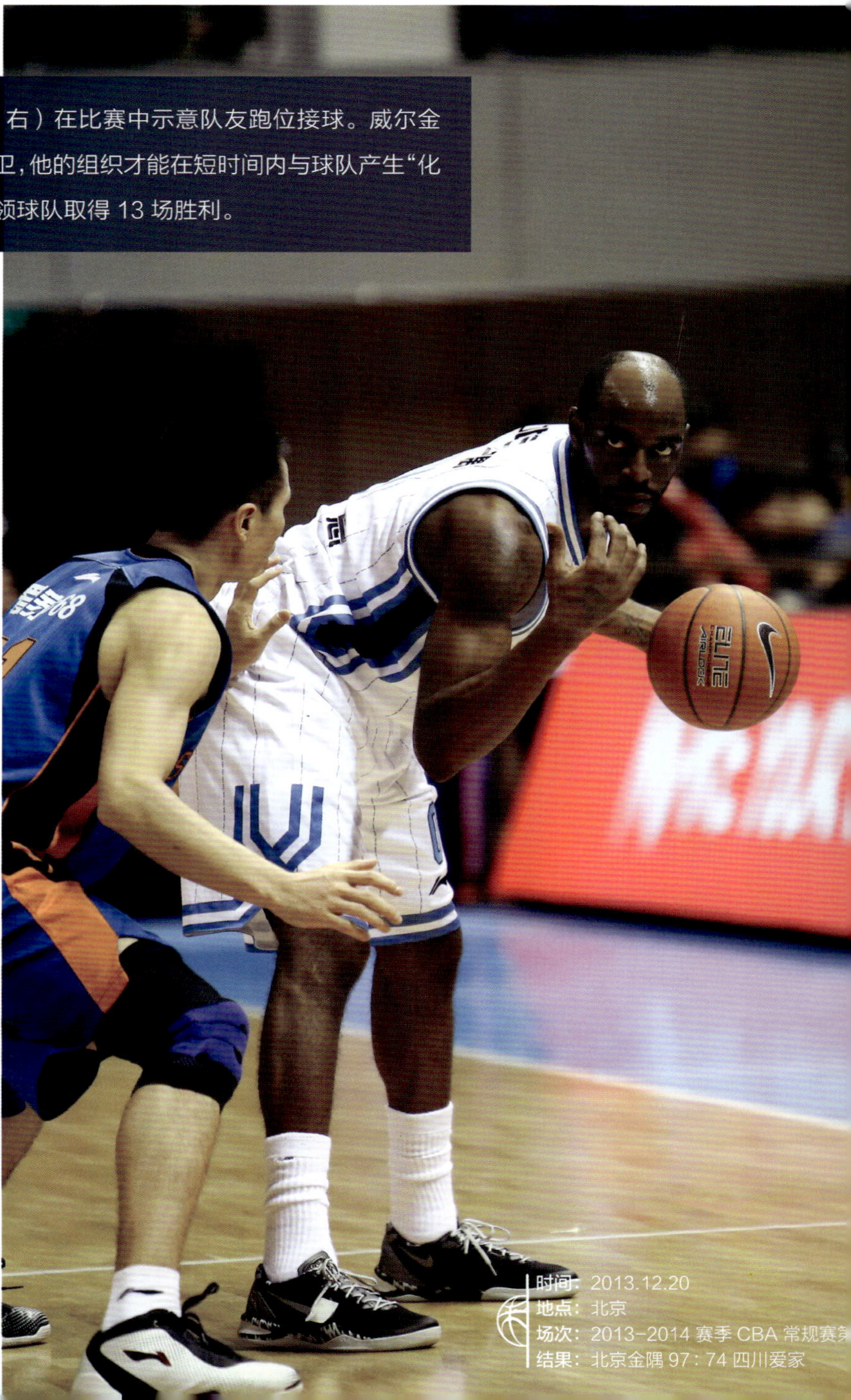

► 威尔金斯（右）在比赛中示意队友跑位接球。威尔金斯司职控球后卫，他的组织才能在短时间内与球队产生“化学反应”，带领球队取得 13 场胜利。

时间：2013.12.20
地点：北京
场次：2013-2014 赛季 CBA 常规赛
结果：北京金隅 97：74 四川爱家

时间： 2013.12.20
地点： 北京
场次： 2013-2014 赛季 CBA 常规赛第 15 轮
结果： 北京金隅 97：74 四川爱家

◀ 威尔金斯（左）在比赛中的得分能力很大程度上弥补了马布里缺席期间的短板。在为北京队效力期间，他场均拿下 21.2 分。

▶ 比赛失利让威尔金斯的背影显得格外沉重。

◄ 威尔金斯（上）在比赛中的带球突破能力比起马布里也毫不逊色，常常给对手致命一击。

时间：2013.12.29
地点：北京
场次：2013-2014 赛季 CBA 常规赛第 19 轮
结果：北京金隅 109：107 山西汾酒集团

时间：2013.12.29
地点：北京
场次：2013-2014 赛季 CBA 常规赛第 19 轮
结果：北京金隅 109：107 山西汾酒集团

◄ 因伤缺阵的马布里（中）与威尔金斯（左）击掌相庆。马布里回国疗伤期间“钦点”威尔金斯为北京队效力，威尔金斯用实际行动报答了马布里的信任。

味多美
Wedomé

◄ 在比赛结束后，球迷与队友为“寿星”威尔金斯提前一天过生日，搞怪的马布里给威尔金斯弄个“满脸花”。

时间：2014.1.10
地点：北京
场次：2013-2014 赛季 CBA 常规赛第 23 轮
结果：北京金隅 114：104 浙江广厦

► 威尔金斯对待比赛的积极态度在短时间内赢得北京球迷的心，他属于各队都想要的那种朴实、敬业的团队型外援。

首钢“炼炉”钢花四射

在本赛季的比赛中，北京首钢队外援马布里、莫里斯立下突出战功，本土球员也是发挥出色，可谓“钢花四射”。2013—2014赛季，阔别CBA多年的孙悦加盟北京首钢男篮，成为了北京队后场进攻和防守的核心力量。孙悦能攻善守，技术全面。整个赛季，他代表北京队打满了全部49场比赛，场均贡献13.7分，5.1个篮板球，尤其是在总决赛中，几次关键的三分和封盖成为北京队获胜的关键因素。从奥神队转会来的张松涛和李根，被队友亲切地称为“大树”和“根”。在马布里接受治疗、新外援威尔金斯还没到来的困难时期，他们站了出来，竞技状态渐入佳境。他们在队中的作用就像他们的昵称一样：“大树”，为弟兄遮风挡雨；“根”，让球队根基坚实。其他球员在关键时刻也发挥突出，在半决赛生死战中，老将陈磊作为奇兵上场，遏制住了广东队的朱芳雨，起到出奇制胜的作用。吉喆、翟晓川和朱彦西的稳定发挥，都为球队走上夺冠之路起到重要作用。

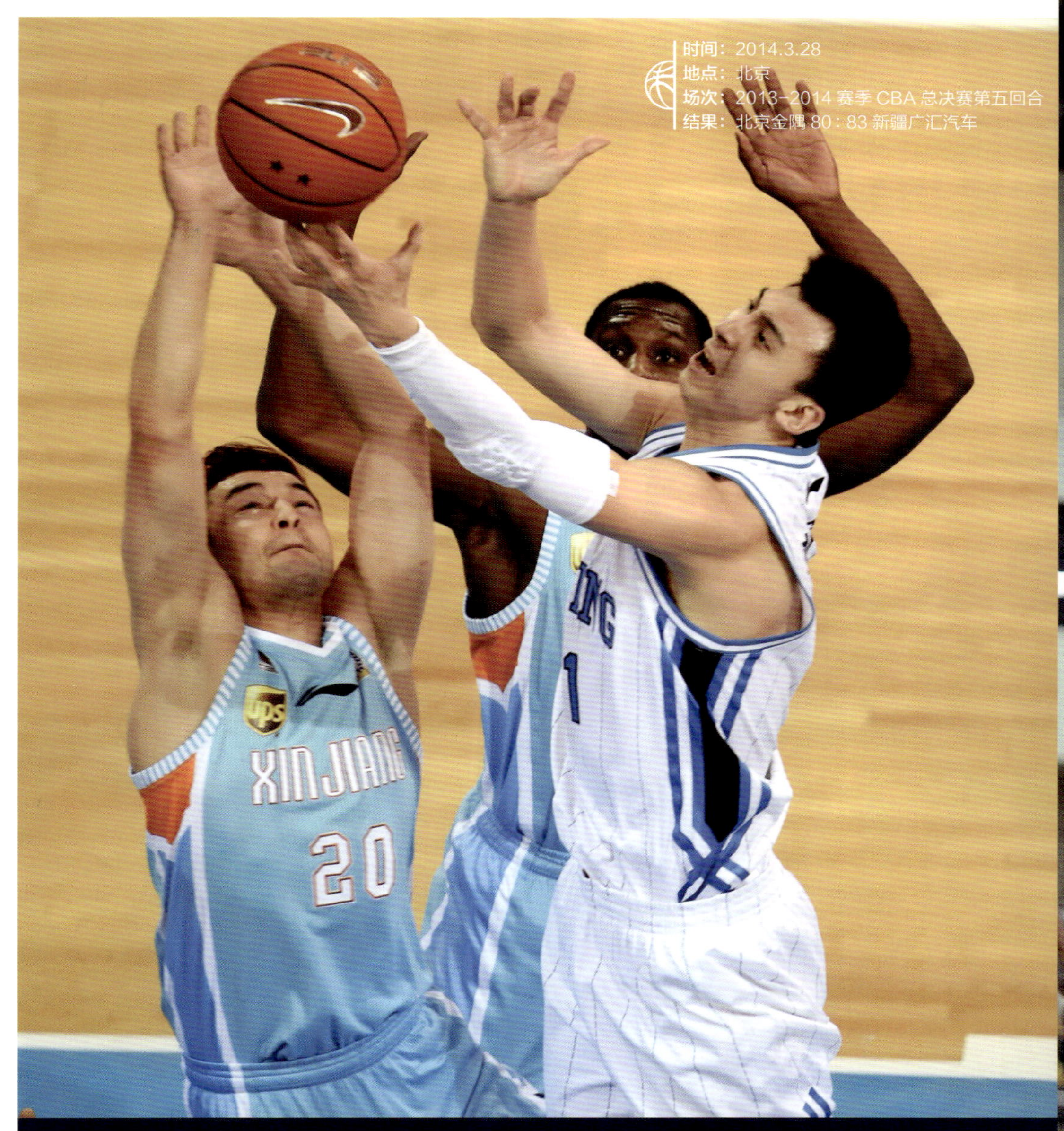

▲ 吉喆（右）在本赛季的得分能力给对手带来不小的麻烦。

◄“实力偶像派”球员孙悦（左）能攻善守，身高 2 米多的他司职控球后卫，却有一手盖帽的绝活，每每在关键时刻上演精彩的“飞盖”好戏。

间：2013.11.13
点：山西太原
次：2013–2014 赛季 CBA 常规赛第 2 轮
果：山西汾酒集团 94：104 北京金隅

时间：2014.1.18
地点：北京

▲ 颇为“内秀”的李根（左）在参加全明星球员探访公益学校活动时向小女生学习织毛衣的技巧。

► 身体壮实的小前锋李根（左一）篮下强攻往往给对手造成杀伤。

时间：2013.12.29
地点：北京
场次：2013-2014 赛季 CBA 常规赛第 19 轮
结果：北京金隅 109：107 山西汾酒集团

时间：2013.12.29
地点：北京
场次：2013-2014 赛季 CBA 常规赛第 1
结果：北京金隅 109：107 山西汾酒集团

孙悦（左图）与李根（右图）在同场比赛中的进攻方式，有异曲同工之妙，两人都以突破上篮的功夫见长。

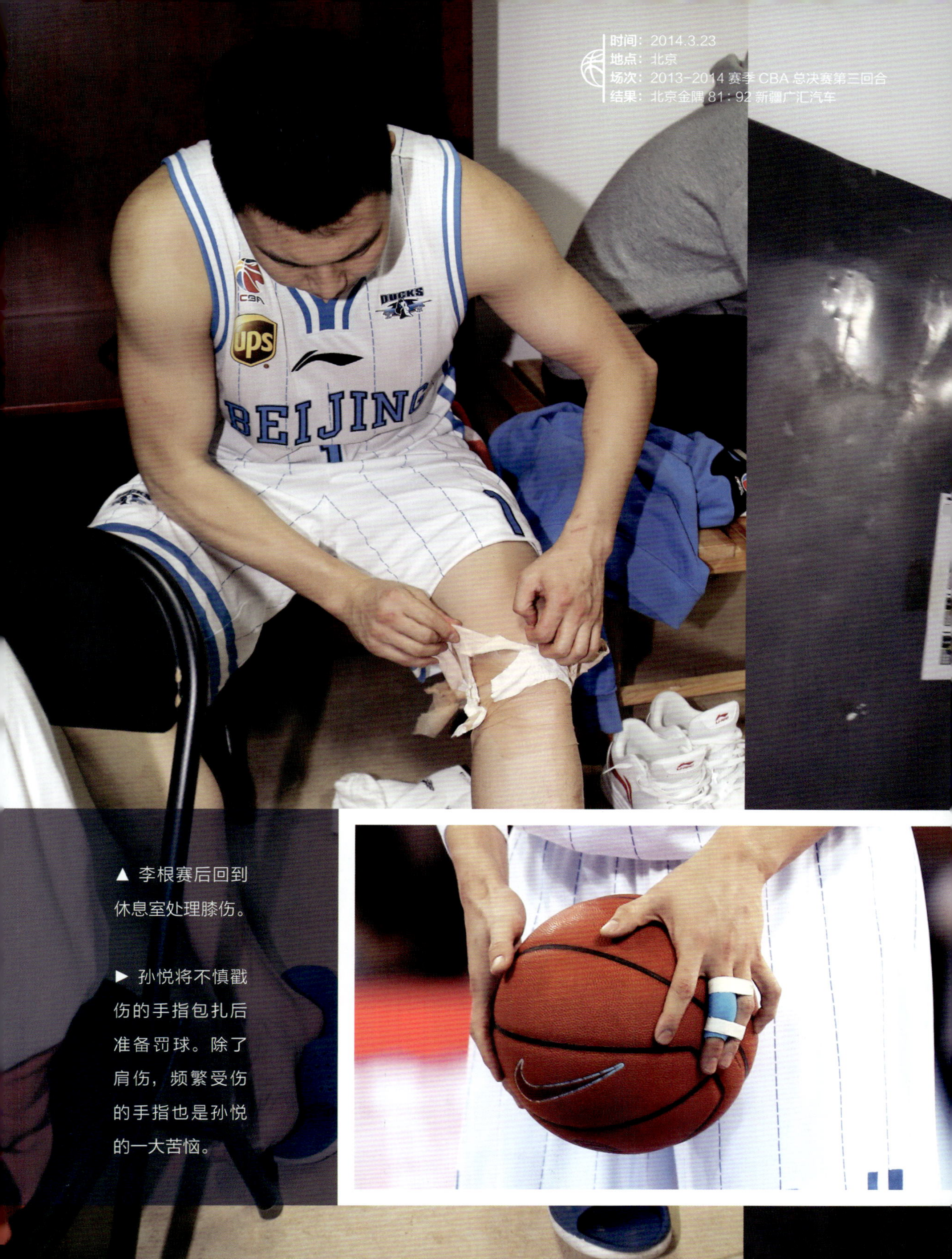

时间：2014.3.23
地点：北京
场次：2013-2014 赛季 CBA 总决赛第三回合
结果：北京金隅 81：92 新疆广汇汽车

▲ 李根赛后回到休息室处理膝伤。

► 孙悦将不慎戳伤的手指包扎后准备罚球。除了肩伤，频繁受伤的手指也是孙悦的一大苦恼。

▶ 张松涛走出球员休息室准备上场。张松涛总是在比赛中为弟兄们做掩护，被队友亲切地称为“大树”。

时间：2014.3.26
地点：北京
场次：2013-2014 赛季 CBA 总决赛第四回合
结果：北京金隅 94：88 新疆广汇汽车

▲ 孙悦得分后摆出“雄赳赳”的架势，颇具“孙大圣”的风范。

北京首钢队的外援马布里、莫里斯就像两个“感叹号”，总是给人带来震撼和惊喜。在2014年3月13日晚，CBA最后一场半决赛在东莞体育馆进行，面对决胜场的巨大压力，卫冕冠军广东东莞银行队发挥失常，几名主力均不在状态，最后以102∶110不敌北京队，12年来首次无缘总决赛。就像两年前那样，北京队外援马布里几乎凭借一己之力让广东队俯首称臣。31分、5个篮板、5次助攻、2次抢断，这是马布里本场比赛交出的数据。整个系列赛，伤病缠身的老马拼出了血性，虽然在这个赛季的状态与过往几个赛季不可同日而语，但老马凭借篮球天赋和多年的职业联赛经验将“斗士”的精神注入球队，在“渴望胜利，不惧失败”的意志力的指引下，领导球队走向夺冠的胜利之路，正如他总是说的那样：“我们之前的困难，只会让我们的故事变得更加精彩、更加传奇。相信我，我们的目标一定会达成。”2014年3月30日，在总决赛最后一站，北京首钢队在乌鲁木齐红山体育馆，以98∶88战胜实力强劲的新疆广汇队，以4∶2的总比分取得胜利，三年里第二次捧起“至尊鼎”。是役，马布里和莫里斯可谓“双星闪耀”，老马贡献28分，莫里斯则收获30分和11个篮板，并获得总决赛最有价值球员奖（MVP）。

马莫合书大感叹号

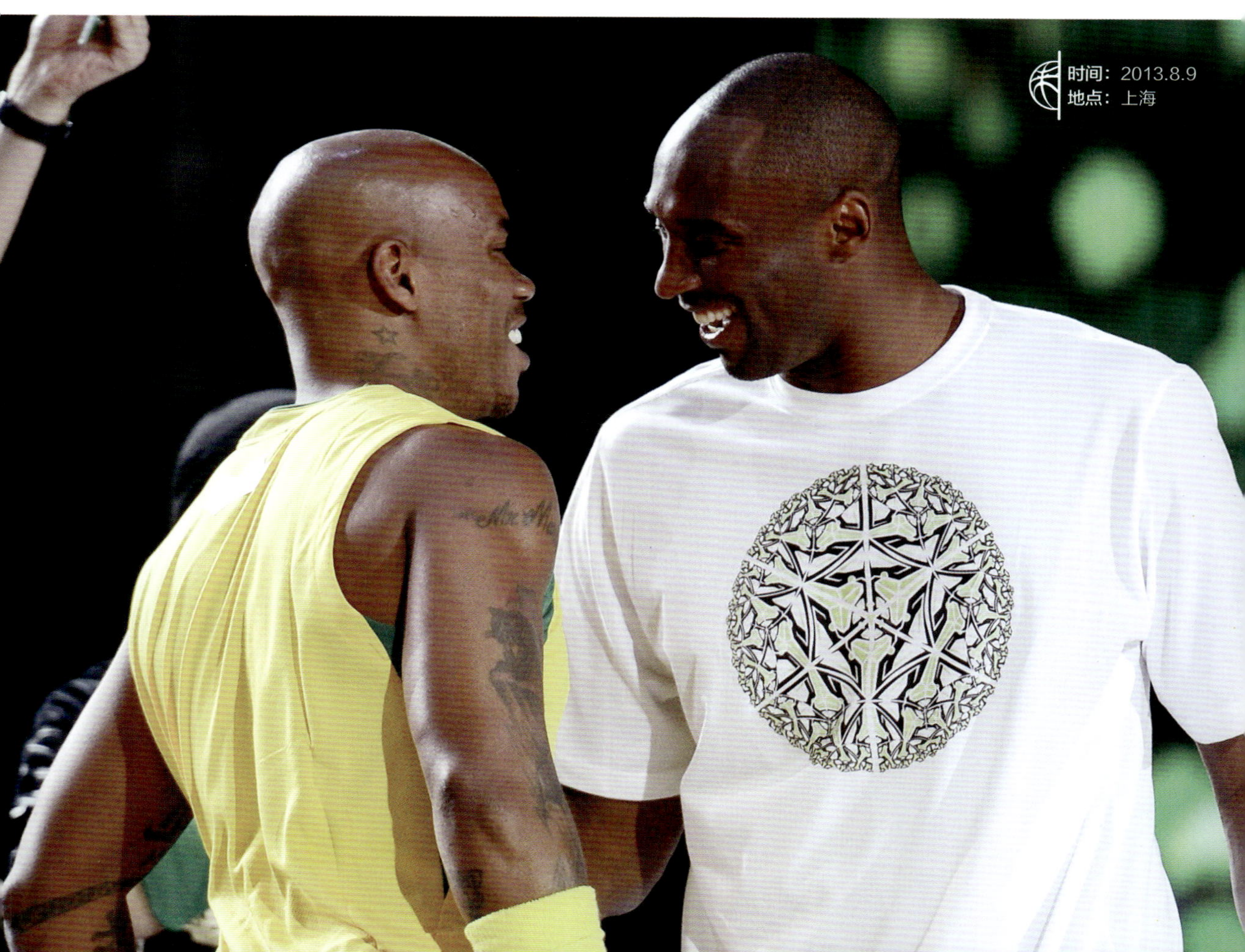

▲“京城政委”马布里（左）与“洛城飞侠”科比（右）在 2013 年雪碧明星篮球表演赛互致问候。同为 NBA“96 黄金一代”，仍然征战职业联赛的二人在此刻一定惺惺相惜。

▼ 在“红粉笔乡村教育计划”云南站香格里拉行公益活动中，马布里（右）与 10 余位志愿者来到虎跳峡镇中心小学开展义务支教活动，教授孩子们打篮球。

时间：2013.10.8
地点：香格里拉

时间：2013.12.27
地点：北京
场次：2013-2014 赛季 CBA 常规赛第 18 轮
结果：北京金隅 92：97 新疆广汇汽车

▲ 当天傍晚刚刚从美国治伤归来的马布里就马不停蹄地赶往北京万事达中心为队友加油。

▲ 马布里（前左）尽管因伤缺阵，但在场边为队友助威鼓劲，也是“政委”的重要工作之一。

▲ 老马（右）在比赛后为自己的搭档莫里斯（左）的精彩表演而喝彩。

▶ 莫里斯（中）向主场球迷表示感谢，当日是莫里斯的生日。在马布里因伤缺阵期间，莫里斯担当起球队顶梁柱的重任。

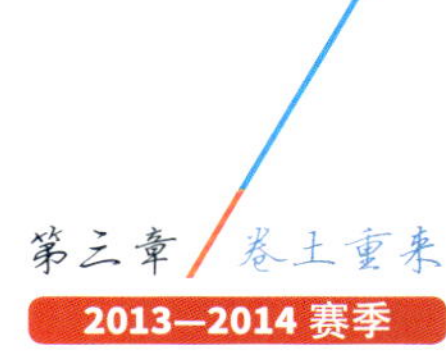

时间：2013.12.29
地点：北京
场次：2013-2014 赛季 CBA 第 19 轮
结果：北京金隅 109：107 山西汾酒集团

▶ 莫里斯在全明星球员探访公益活动中品尝中国饺子，与在校师生共迎农历新年。

时间：2014.1.18
地点：北京

◀ 马布里在中国篮球论坛上回答问题。

时间：2014.1.17
地点：北京

时间：2014.2.9
地点：北京
场次：2013-2014 赛季 CBA 常规赛第 31 轮
结果：北京金隅 133：79 天津融宝支付

◀ 翟晓川（右）与队友莫里斯（左）庆祝得分。

▶ “发动机”马布里（左）带领球队取得胜利，他得到全场最高的 31 分。

时间：2014.3.4
地点：北京
场次：2013-2014 赛季 CBA 半决赛首场
结果：北京金隅 90 : 87 广东东莞银行

BEIJING
32

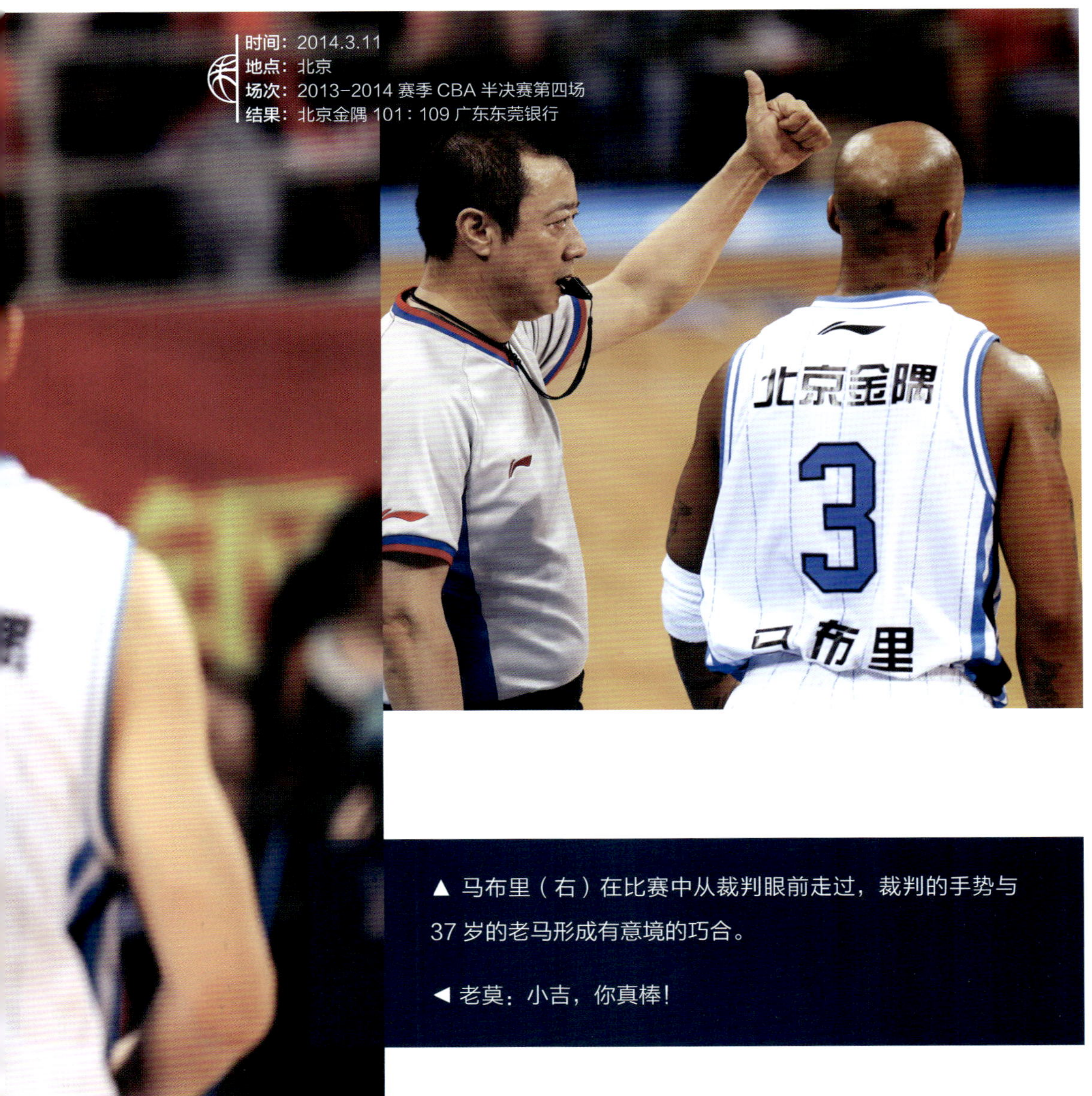

时间：2014.3.11
地点：北京
场次：2013-2014 赛季 CBA 半决赛第四场
结果：北京金隅 101：109 广东东莞银行

▲ 马布里（右）在比赛中从裁判眼前走过，裁判的手势与37 岁的老马形成有意境的巧合。

◀ 老莫：小吉，你真棒！

▲"一起来胜利！"马布里与队友们欢庆3:2击败广东队，再次进军总决赛。

时间：2014.3.13
地点：广东东莞
场次：2013-2014 赛季 CBA 半决赛第五场
结果：北京金隅 110：102 广东东莞银行

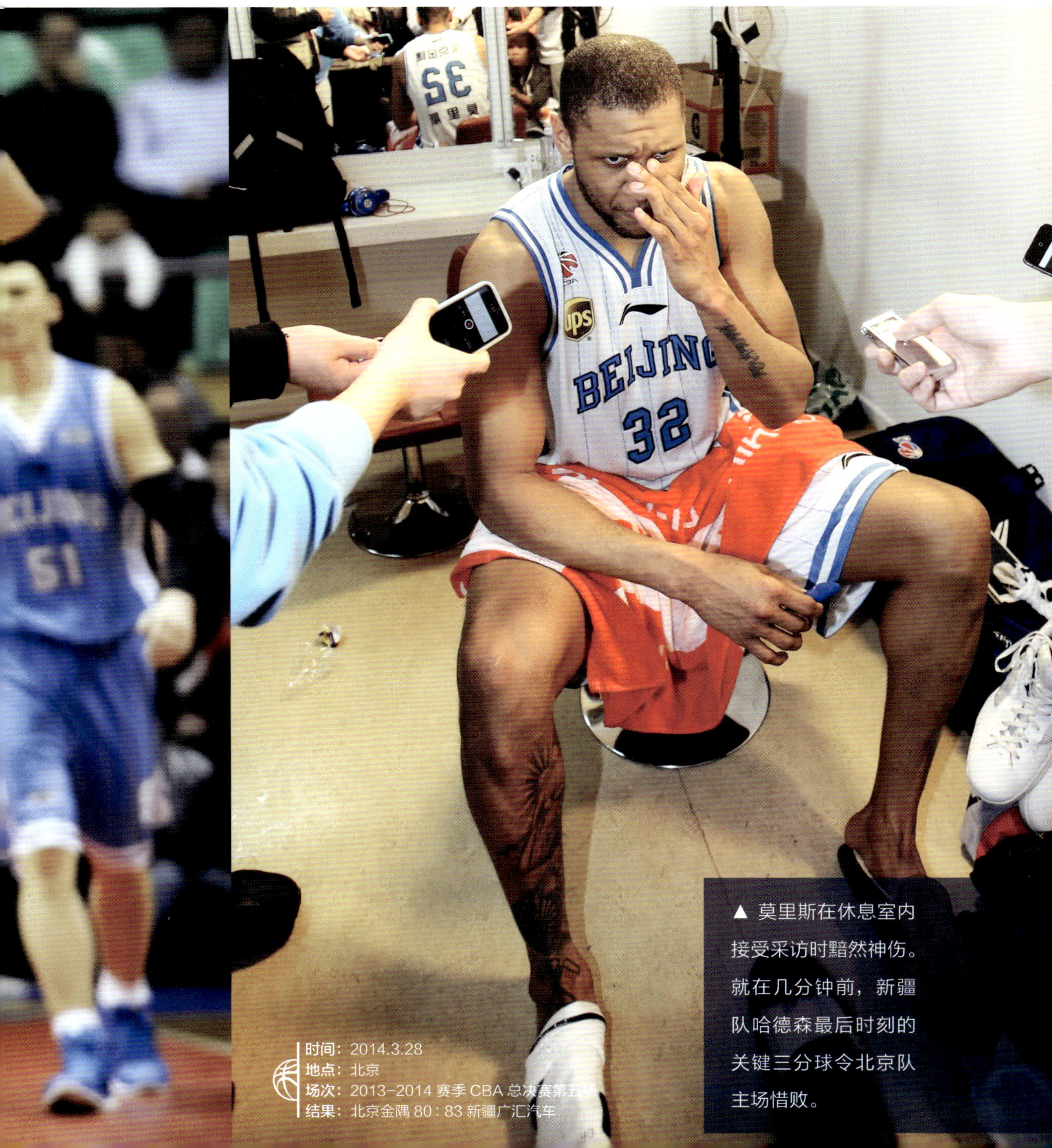

▲ 莫里斯在休息室内接受采访时黯然神伤。就在几分钟前，新疆队哈德森最后时刻的关键三分球令北京队主场惜败。

时间：2014.3.28
地点：北京
场次：2013–2014 赛季 CBA 总决赛第五场
结果：北京金隅 80：83 新疆广汇汽车

► 本赛季经历了风雨洗礼的北京队终于见到了彩虹，以 4：2 完胜新疆队，再次举起了象征无上荣耀的“至尊鼎”。

时间：2014.3.30
地点：乌鲁木齐
场次：2013-2014 赛季 CBA 总决赛第六场
结果：北京金隅 98：88 新疆广汇汽车

▲ 马布里（右）与队友李学林在颁奖仪式上一起观赏金牌。

时间：2014.3.30
地点：乌鲁木齐
场次：2013-2014 赛季 CBA 总决赛第六
结果：北京金隅 98：88 新疆广汇汽车

▼ 莫里斯荣获总决赛最有价值球员奖（MVP）。

时间：2014.3.[illegible]
地点：乌鲁木齐
场次：2013—2014 赛季 CBA 总决赛第六场
结果：北京金隅 98：88 新疆广汇汽车

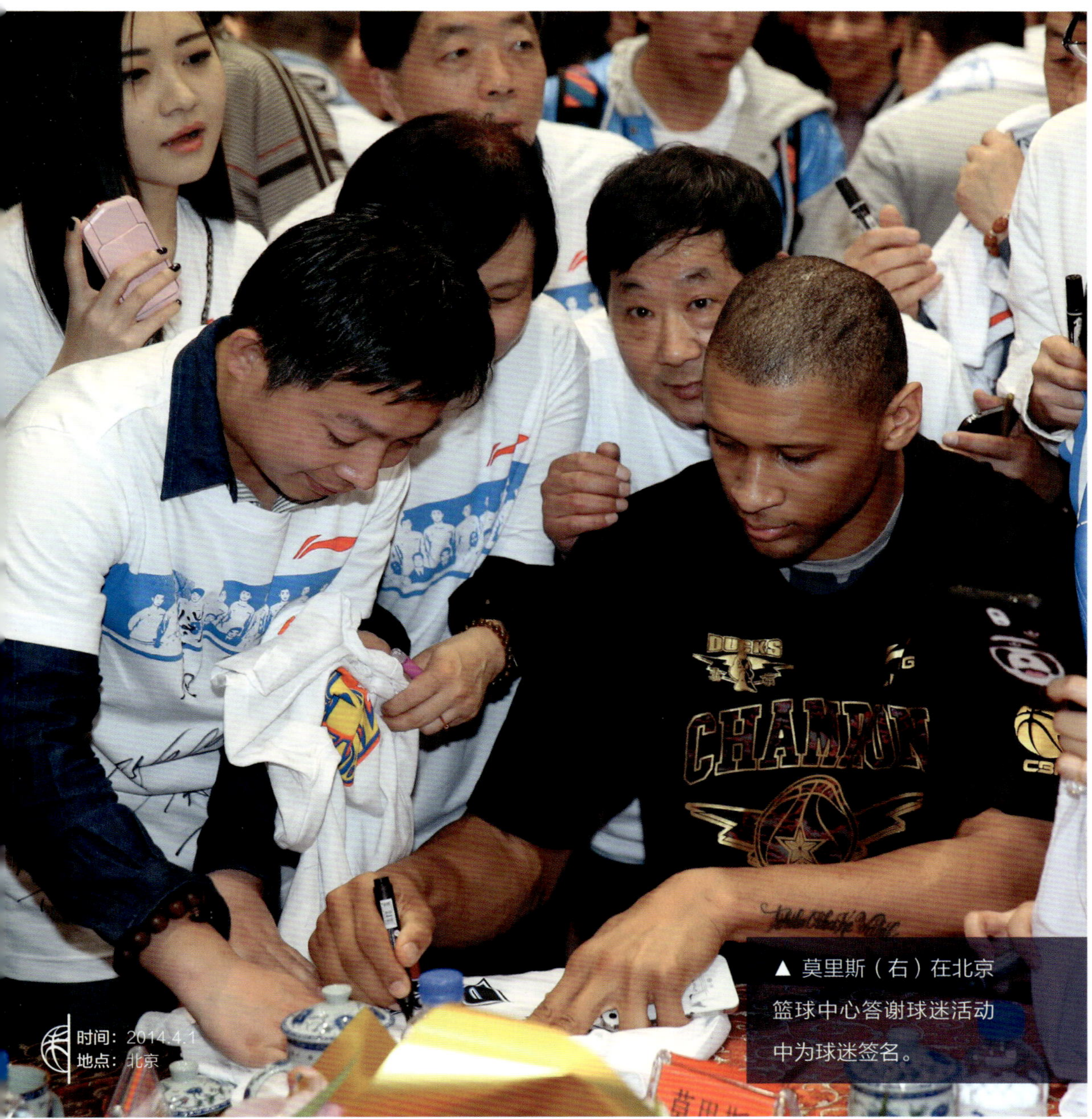

时间：2014.4.1
地点：北京

▲ 莫里斯（右）在北京篮球中心答谢球迷活动中为球迷签名。

4 当家鹿蕾 真正“大佬”

在CBA，打球不难，可夺冠不易。北京队在近三年两夺总冠军，率领球队做到这一切的，就是主教练、前中国男篮国手闵鹿蕾。北京队两次拿到总冠军，外援马布里绝对是球队的领袖人物，所以有人笑言闵鹿蕾应该分一半工资给马布里。对于这么“抢戏”的老马，闵鹿蕾毫不介意：“从没觉得老马抢我的风头，我对他是绝对地支持，因为他说的都是对球队有好处的，为什么不支持？”闵鹿蕾在赛场上给人以“急脾气”的印象，实际上他工作谦逊、细腻。对于球员的管理，他说：“工作方法一样，有的骂，有的谈，有的哄，有的表扬，有的激励……就是想把球员们凝聚在一起！”由此不难看出，北京队能两夺总冠军，不仅仰仗马布里等球员的出色发挥，也依赖将帅之间的相互信任与支持。闵鹿蕾的“容人”胸怀，体现了教练员凝聚球队的能力和智慧，这样的教练才是队内真正的“大佬”。

时间：2013.12.27
地点：北京
场次：2013-2014 赛季 CBA 常规赛第 18 轮
结果：北京金隅 92：97 新疆广汇汽车

◀ 主教练闵鹿蕾（左）与因伤缺阵的马布里(右)在场边观战。马布里不仅是球员，也是闵鹿蕾身后的“好参谋”。

时间：2014.2.12
地点：成都
场次：2013-2014 赛季 CBA 常规赛第 32 轮
结果：北京金隅 102：117 四川爱家

▲ 闵鹿蕾（右二）在比赛中排兵布阵，向来以细腻见长，一旁的当家球星马布里（左）总能心领神会，切实贯彻闵指导的意图。

时间：2014.3.4
地点：北京
场次：2013-2014 赛季 CBA 半决赛首场
结果：北京金隅 90：87 广东东莞银行

▲ 闵鹿蕾（右）对球员王骁辉（左）“面授机宜”。在比赛中，闵指导对本土年轻球员的使用格外看重，因为他心里明白：只有这些球员发挥作用，球队的整体实力才能得到提升。

镇定

时间：2014.3.23
地点：北京
场次：2013-2014 赛季 CBA 总决赛第三场
结果：北京金隅 81：92 新疆广汇汽车

鼓动

时间：2014.3.26
地点：北京
场次：2013-2014 赛季 CBA 总决赛第四场
结果：北京金隅 94：88 新疆广汇汽车

批评

时间：2014.3.23
地点：北京
场次：2013-2014 赛季 CBA 总决赛第三场
结果：北京金隅 81：92 新疆广汇汽车

性情大佬

在 CBA 赛场，闵鹿蕾可谓性情中人，表情生动而丰富，随时随地反映出他内心的变化。

督促

时间：2014.2.21
地点：北京
场次：2013-2014 赛季 CBA 四分之一决赛第二场
结果：北京金隅 121：104 浙江广厦

时间：2014.4.1
地点：北京

▲ 再次赢得总冠军后，闵鹿蕾（左四）带领球员向首都球迷致谢。

文 / 费茂华

2015 年 3 月 22 日，在辽宁本溪市体育馆，当所有首钢队的球员簇拥着马布里高高举起冠军鼎时，CBA 历史上一个新的王朝开启了。

这是四年里北京首钢队的第三个冠军，同时也是一个两连冠，一切正如马布里赛后所说：“王朝已经建立！”

然而，成王之路并不是一帆风顺的。

北京首钢队2014–2015赛季是以常规赛第四名的成绩晋级季后赛的。但在球队数据上，在晋级季后赛的8支队伍中，北京队的攻击力几乎是最弱的：在场均得分方面，北京队以110.3分的成绩在季后赛8支队伍中排名第七。

经过几个赛季的交手，一些球队针对马布里的特点研究出了重点盯防战略，马布里的进攻和组织受到重重限制。在这个赛季开始前施行的"末节单外援"政策，为马布里和莫里斯默契配合的效果打了折扣；孙悦等

奥神球员因收购问题未能尽快解决，而未能全身心参与备战。

而北京队在季后赛的第一个对手吉林队，拥有 3 名外援，常规赛总得分高出北京队 193 分，攻击能力较北京队明显更胜一筹。

对此，人们不禁产生疑问：这一次，北京队在季后赛能走多远？

可季后赛开始后，北京队却一反疲态，显露出“季后赛之王”的特质：他们在季后赛四分之一决赛中成功地限制了琼斯的进攻，使他的场均得分从常规赛的 36.5 分下降到 31.3 分；同时，北京队在进攻、篮板、助攻等方面的数据则全面超越吉林队。北京首钢队在常规赛中保存实力的传言被证实：他们在季后赛中仿佛脱胎换骨一般，露出了与常规赛完全不同的牙齿，也展现出一支卫冕球队的自信和实力。

在以 3∶0 横扫了 9 年来首次晋级季后赛的吉林队之后，北京队又在五场三胜制的比赛中以 2∶0 领先老冤家广东东莞银行队，率先拿到了赛点。

但广东队并非鱼腩，这支球队在 2003–2005 年与 2007–2010 年先后获得三连冠与四连冠——他们建立了一个王朝。这个赛季，广东队中的易建联愈加坚挺，他被评为常规赛 MVP，被认为是 CBA 里最好的国内球员，甚至有人将他视作广东队的另一个“外援”，他常规赛场均 27.2 分，是得分榜前 20 名里唯一的国内球员。另外，广东队除了赛季前被看作 2015 年 NBA 选秀状元热门人选的穆迪埃外，还拥有穆迪埃受伤后赶来的急救高手拜纳姆，他到广东队后不仅获得了场均 22.3 分的优异成绩，他的助攻也让易建联获得了新生——易建联有 12 场比赛至少拿到 30 分，还有一次“40+”。两人联手为广东队的 26 连胜立下汗马功劳。

果然，广东队在半决赛第三轮中出奇兵而获胜，两个外援穆迪埃与拜纳姆的组合击穿了北京队的后防线，此役，北京队的后卫线马布里和孙悦加起来共出现 8 次失误，与广东队全队失误数相当。广东队在主场以 110∶99 击败北京队，把总比分追成 1∶2。

2015 年 3 月 3 日，第四轮比赛在北京队的主场五棵松体育馆举行，广东队如果能够再接再厉赢下一场，比赛将回到广东队的主场，但命运的天平却让广东队事与愿违。首节 3 分 12 秒，广东队的进攻核心拜纳姆在和莫里斯的一次碰撞中大腿受伤离场，直到第二节 8 分 11 秒才又被换上场，但随后被换下再也没有上场；而马布里如有神助地在比赛的最后时刻以一记三分球追平比分，将比赛拖进了加时赛。加时赛中，北京队依靠朱彦西的补篮绝杀，淘汰广东队，杀入总决赛。

总决赛北京队面对的是拥有常规赛最佳外籍球员哈德森以及郭艾伦、韩德君等本土最出色球员群体的辽宁队，两队的碰撞也产生了 CBA 历史上最精彩、最激烈、最火花四溅的一次较量：在六场比赛中有两场比赛双方都是仅以一分的优势险胜对手。

而马布里与哈德森这两名各自球队的核心，几乎在每场比赛中都有出色的表演。北京队的孙悦、李根、翟晓川、方硕、王骁辉以及辽宁队的郭艾伦、贺天举、韩德君等本土球员，也凭借自己的出色发挥成为球队胜负天平上重要的砝码，尤其在总决赛的最后三场比赛中，北京队的三位本土球员王骁辉、方硕、翟晓川，每场都有一位在关键时候挺身而出，以自己的出色表现分担了马布里身上的重担，帮助北京队转危为安，最终获胜。

在比赛中，双方教练、球员见招拆招，上演了一波三折、惊心动魄的表演，让所有观众都几乎窒息，而比赛的紧张和激烈程度强大到引发了很多非竞技的事件，并导致两队都受到篮协不同程度的惩罚。

最终，季后赛经验更为丰富的北京首钢队以 4∶2 的总比分击败了年轻的辽宁队，卫冕成功。

四年三冠！两连冠！又是客场，又是第六场，当北京队连续两年举起冠军鼎，一切正如马布里赛后所说："王朝已经建立！"在这四年中，北京首钢男篮将士连克广东、新疆、辽宁，拥有一颗冠军心的北京队众志成城，在不利的条件下和备受质疑的环境中不屈不挠，在一场场比赛中不断找到针对性的战略战术，最终锻炼成为一支能量无法估量的"王者之师"！

非常巧合的是，就在北京男篮夺冠的 5 天前，北京国安足球队在亚冠联赛中主场战胜日本的浦和红钻队——足球、篮球、排球，北京的三大球近年来在全国联赛中表现都非常优异：北京国安夺得了成立 20 余年来的第一个职业联赛冠军，近年来稳定保持在中超联赛前列；北京首钢男篮四年三冠，建立了中国篮球史上的北京王朝；曾夺联赛冠军的北京女篮本赛季也杀入决赛，实力在国内属于一流；北京男排蝉联全国排球联赛冠军，北京女排重回强队行列。

当中国体育产业迈向黄金时代的时候，首都体育事业也渐入佳境，而这一切并非历史的偶然：北京市在体育产业、在全民健身方面巨大的投入，以及北京体育爱好者对球队的支持，正合力将北京的体育事业推向高潮，迈向辉煌的王朝时代。

历史重演 惊人相似

2015 年 2 月 1 日，常规赛最后一轮结束，北京首钢队以第四名的成绩晋级季后赛。这个成绩与上个赛季的常规赛一样，而上个赛季北京队最终夺冠。这个巧合是否暗示着北京队在季后赛中会有好运？然而，北京队在常规赛中的表现，并不应和这种暗示：北京队在常规赛的最后一轮败给了东莞马可波罗队，东莞马可波罗队就是依靠这一场胜利，勉强跻身常规赛第八名，晋级季后赛。而最让人担忧的就是马布里的表现，“马政委”的相关数据较上赛季有多项下滑：场均得分几乎少了 3 分，篮板球少了 1.2 个，但上场时间却多了将近 1 分钟。北京队在季后赛的第一个对手吉林队，拥有 27 岁的外援琼斯——一度曾是本赛季的“得分王”，在常规赛结束时以场均 8.3 次助攻成为“助攻王”。这一次，北京队在季后赛中究竟能走多远？

▲ 广东队悍将易建联在比赛中流露出无助的眼神。

► 在揭幕战前举行的上赛季总冠军颁奖仪式上，马布里（左）看着主教练闵鹿蕾（右）戴上冠军戒指。

时间：2014.11.1
地点：北京
场次：2014-2015 赛季 CBA 常规赛揭幕战
结果：北京首钢 103：89 广东东莞银行

时间：2014.11.1
地点：北京
场次：2014-2015 赛季 CBA 常规赛揭幕战
结果：北京首钢 103：89 广东东莞银行

► 吉喆庆祝得分的呐喊，叫开了北京队本赛季的开门红。

▲ 广东队球员易建联（左）、朱芳雨（右）面临比赛失利的背影似乎透露着淡淡的哀伤。

时间： 2014.11.1
地点： 北京
场次： 2014-2015 赛季 CBA 常规赛揭幕战
结果： 北京首钢 103 : 89 广东东莞银行

时间：2015.2.1
地点：广东东莞
场次：2014-2015 赛季 CBA 常规赛第 38 轮
结果：北京首钢 104：112 东莞马可波罗

▲ 东莞马可波罗队球员何忠勉（右二）在比赛中上篮。东莞马可波罗队凭借本场比赛的胜利晋级季后赛，而北京队又一次以常规赛第四的成绩晋级季后赛。

昔日“冤家”狭路相逢

3：0横扫吉林队！北京队高歌猛进长驱直入，成为首支晋级CBA半决赛的球队，与“老冤家”、常规赛排名第一的广东东莞银行队狭路相逢。然而，形势的发展似乎比想象中的简单，前两轮北京队以2：0轻取广东，获得赛点，一只脚已经迈入总决赛。3月1日半决赛第三轮，广东队依靠变阵“起死回生”，伤愈复出的穆迪埃与拜纳姆的组合几乎完全打乱了北京队的阵脚，在主场击败北京队，将总比分追成1：2。半决赛第四场，广东队的进攻核心拜纳姆受伤离场，依靠易建联、朱芳雨、穆迪埃以及小将高尚的出色发挥，与北京队相周旋。在第四节的最后时刻，广东队领先三分，却被马布里的一记三分“神投”将比赛拖入加时赛。加时赛广东队再次建立起优势，但胜利的希望又被马布里的出色表现无情击碎。最终北京队凭借朱彦西的补篮绝杀，淘汰广东队，杀入总决赛。

时间：2015.2.6
地点：吉林长春
场次：2014-2015 赛季 CBA 四分之一决赛第一场
结果：北京首钢 128∶119 吉林九台农商银行

◀ 马布里（左二）飞身上篮的爆发力令对手防不胜防。

时间： 2015.2.6
地点： 吉林长春
场次： 2014-2015 赛季 CBA 四分之一决赛第一场
结果： 北京首钢 128：119 吉林九台农商银行

▶ 莫里斯（上）上篮得分。

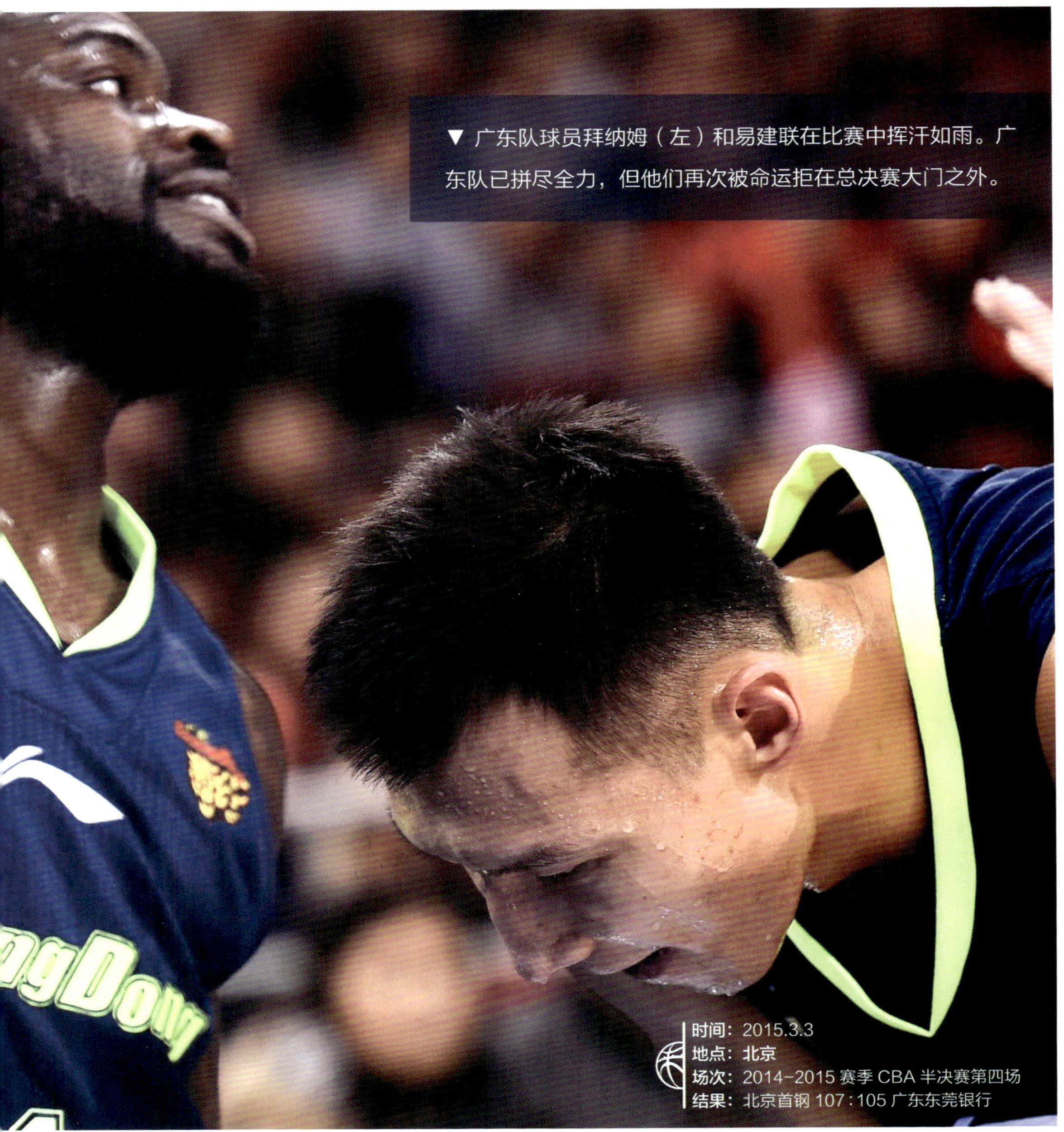

▼ 广东队球员拜纳姆（左）和易建联在比赛中挥汗如雨。广东队已拼尽全力，但他们再次被命运拒在总决赛大门之外。

时间：2015.3.3
地点：北京
场次：2014-2015 赛季 CBA 半决赛第四场
结果：北京首钢 107∶105 广东东莞银行

时间：2015.3.3
地点：北京
场次：2014-2015 赛季 CBA 半决赛第四场
结果：北京首钢 107：105 广东东莞银行

◄ 广东队球员易建联在比赛中面露无奈的笑容。

时间：2015.3.3
地点：北京
场次：2014-2015 赛季 CBA 半决赛第四场
结果：北京首钢 107：105 广东东莞银行

◀ 朱彦西（上）在最后一秒钟补篮绝杀广东队，激情在主场迸发、燃烧。北京队以 3：1 淘汰广东队，闯进总决赛。

时间：2015.3.1
地点：广东东莞
场次：2014-2015 赛季 CBA 半决赛
结果：北京首钢 99∶110 广东东莞银行

在 2014-2015 赛季 CBA 半决赛，刚刚扛起主教练大旗的“少帅”杜锋（左图）与“老帅”闵鹿蕾（右图）上演了京广主教练的新对决。有道是“姜还是老的辣”，闵鹿蕾最终胜出。

时间：2015.2.27
地点：广东东莞
场次：2014-2015 赛季 CBA 半决赛第二场
结果：北京首钢 103:96 广东东莞银行

▲ 翟晓川（上）飞身扣篮显露霸气。

置之死地 勃然后生

2015 年 3 月 10 日，总决赛的首回合在辽宁本溪开战。北京队凭借马布里和孙悦组成的超级后场，以 103 : 84 先拔头筹。总决赛第二场，神一样的哈德森又回来了，当这位 CBA 最优秀的外援交出精彩得分时，辽宁男篮再次无坚不摧，将总比分扳成 1 : 1。在总决赛第三场中，辽宁队凭借彪悍打法和哈德森终场前 2.9 秒的突破上篮得分，客场绝杀北京队。失守首个主场的北京队形势并不乐观，胜利的天平开始向辽宁一方倾斜。引人关注的第四场较量在北京五棵松体育场上演。两队杀得难舍难分，比分交替上升。在最后时刻，北京队球员犯规，将辽宁队韩德君送上罚球线，如果两罚全中，比赛将进入加时赛！面对全场北京球迷震耳欲聋的喊声，韩德君投失第二球，北京队以 111 : 110 艰难取胜，将比分扳成 2 : 2，劫后重生。此役成为北京队命运的转折点。总决赛第五场，北京队主场凭借队员的合力发挥，最终取胜，在七场四胜制的总决赛中以总分 3 : 2 领先。第六场比赛又回到了辽宁本溪，对于北京队而言，本场比赛至关重要。北京队翟晓川凭借他的“三分雨”彻底浇灭了辽宁队冲击冠军的希望。状态奇佳的翟晓川出场仅 32 分 7 秒便创造了两分球 6 投 6 中，三分球 9 投 5 中，砍下 27 分，外加 6 篮板、1 助攻的恐怖数据。比赛前三节过后，手感火热的翟晓川已无法阻挡，“忽里忽外”的球风早已让辽宁队乱了阵脚。第四节，他又先后命中两记三分球，而且中距离投篮更是 100% 的高命中率，成为飘荡在本溪体育馆上空最闪亮的星。最终，北京队以 106 : 98 获胜，取得了 CBA 联赛的第三个冠军。

时间：2015.3.10
地点：辽宁本溪
场次：2014-2015 赛季 CBA 总决赛第一场
结果：辽宁药都本溪 84∶103 北京首钢

第一场 告捷

◀ 孙悦在比赛中激情四射、火力全开，北京队以绝对优势先拔头筹。

时间：2015.3.12
地点：辽宁本溪
场次：2014-2015 赛季 CBA 总决赛第二场
结果：辽宁药都本溪 108 : 94 北京首钢

第二场 失利

◀ 辽宁队球员哈德森（右二）与北京队吉喆（左）奋力争抢。是役凭借哈德森的 41 分，辽宁队打出了主场风范，扳回一城。

时间：2015.3.15
地点：北京
场次：2014-2015 赛季 CBA 总决赛第三场
结果：北京首钢 108：109 辽宁药都本溪

第三场 失利

▶ 本场大势已去，马布里欲哭无泪。客场征战的辽宁队凭借哈德森终场前 2.9 秒的上篮准绝杀，将北京队逼至“背水一战”。

CBA
ups
DUCKS
BEIJING
3

时间：2015.3.17
地点：北京
场次：2014-2015 赛季 CBA 总决赛第四场
结果：北京首钢 111：110 辽宁药都本溪

▲ 本场比赛，因辽宁队韩德君在最后时刻两罚一中，北京队以 1 分优势取胜，一雪上场被绝杀之耻。主场球迷震耳欲聋的呐喊声成为激励北京队获胜的重要因素之一。

第五场 反超

▶ “大佬”闵鹿蕾在场边不断呼喊，已声嘶力尽。

时间：2015.3.19
地点：北京
场次：2014-2015 赛季 CBA 总决赛第五场
结果：北京首钢 105：93 辽宁药都本溪

时间：2015.3.22
地点：辽宁本溪
场次：2014-2015 赛季 CBA 总决赛第六场
结果：辽宁药都本溪 98：106 北京首钢

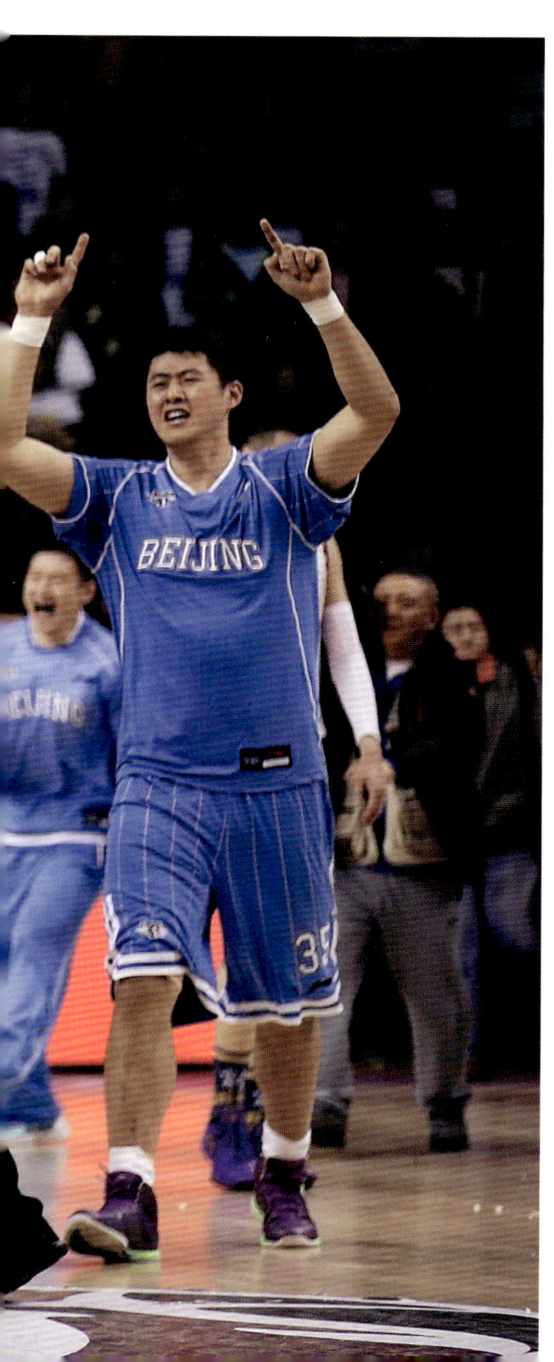

第六场 胜利

◀ 经历了跌宕起伏、扣人心弦赛事磨砺的北京队终于笑傲江湖，第三次夺得总冠军，队员们在场内欢庆。

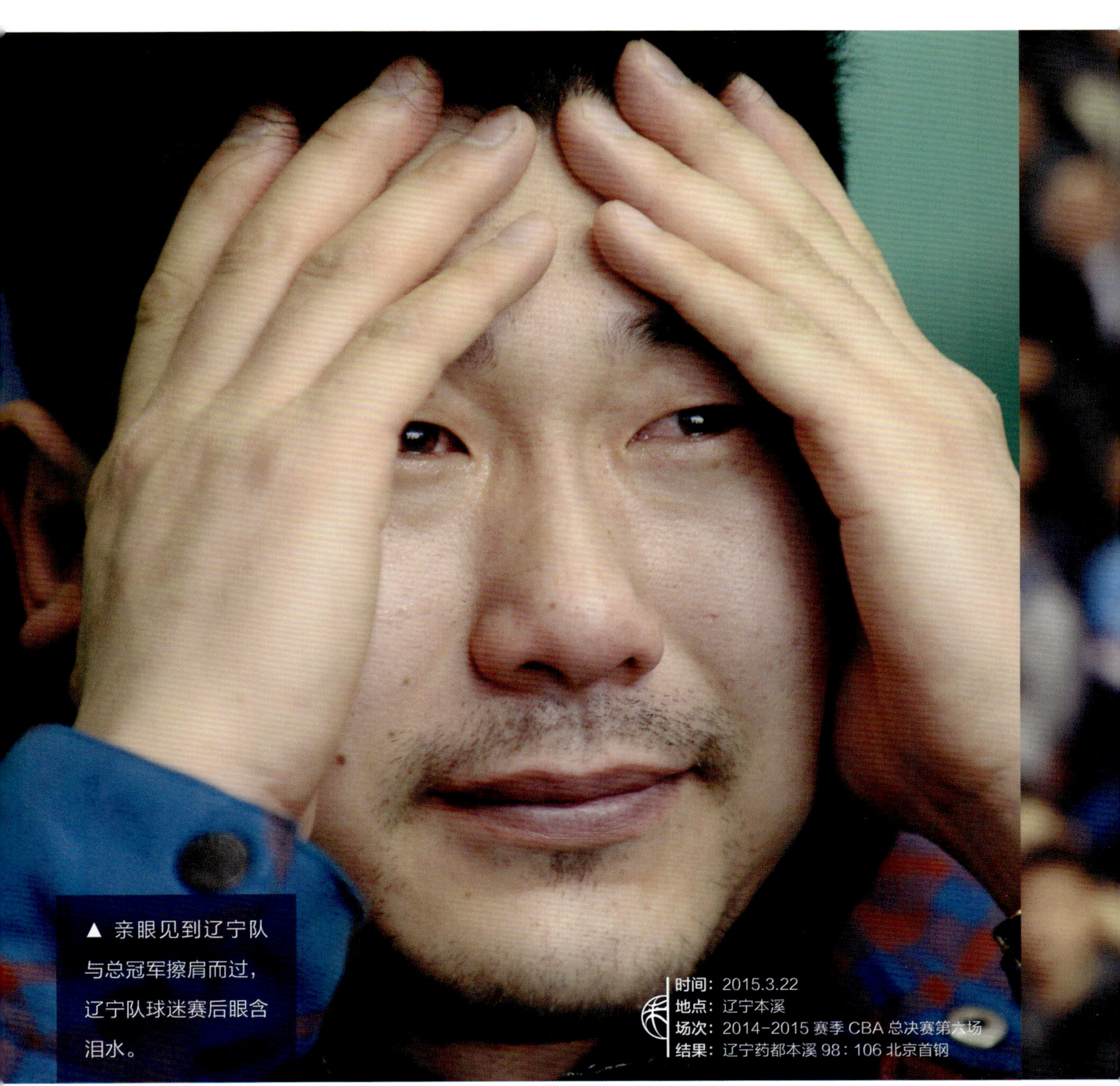

▲ 亲眼见到辽宁队与总冠军擦肩而过，辽宁队球迷赛后眼含泪水。

时间：2015.3.22
地点：辽宁本溪
场次：2014-2015 赛季 CBA 总决赛第六场
结果：辽宁药都本溪 98：106 北京首钢

▲ 北京队球员翟晓川（左）与当家球星马布里（右）拥抱，庆祝这来之不易的胜利。

时间：2015.3.22
地点：辽宁本溪
场次：2014-2015 赛季 CBA 总决赛第六场
结果：辽宁药都本溪 98∶106 北京首钢

◀ 第三次夺得总冠军后，队员们相拥庆祝。

4 笑傲江湖 改朝换代

“王朝已经建立了！已－经－建－立－了！”比赛结束后，在北京队的更衣室里，马布里咆哮着，“我说过我们要做到这一切，要为北京建立一个王朝，很多人都说我疯了，但是我相信我的队友，相信我的教练闵（鹿蕾），也相信北京首钢队，我们做了一切能做的事，我们也有能力做到这一切！”对于“王朝”，球迷们有着约定俗成的定义：三连冠或者在一段时间内统治联盟的球队。1995－2000 年六连冠的八一、2003－2005 年与 2007－2010 年先后三连冠与四连冠的广东都无愧于“王朝”之名。现在，北京队四年三冠，也开启了一个新的王朝时代。“真正的男人赢得了今天的比赛！这就是今天发生的一切。”马布里对记者说，“我们要为下一年做准备。”“三连冠？”“是的，这就是我们的目标。”

▶ 马布里（前左）在赛后颁奖仪式上荣获总决赛最有价值球员奖（MVP），这是他在 CBA 首次获此殊荣。

时间：2015.3.22
地点：辽宁本溪
场次：2014-2015 赛季 CBA 总决赛第六场
结果：辽宁药都本溪 98∶106 北京首钢

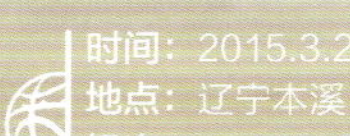

时间：2015.3.22
地点：辽宁本溪
场次：2014-2015 赛季 CBA 总决赛第六场
结果：辽宁药都本溪 98 : 106 北京首钢

► 马布里（上）在荣获总决赛最有价值球员奖（MVP）后，与他的体能教练拥抱。

时间：2015.3.22
地点：辽宁本溪
场次：2014-2015 赛季 CBA 总决赛第六场
结果：辽宁药都本溪 98：106 北京首钢

◀ 北京队年轻球员方硕（右）含泪和队友拥抱。四年三冠，个中滋味只有北京队球员知道。

时间：2015.3.22
地点：辽宁本溪
场次：2014-2015 赛季 CBA 总决赛第六场
结果：辽宁药都本溪 98：106 北京首钢

◀ 马布里（中）与队友在颁奖仪式上高高举起冠军鼎。

时间：2015.3.23
地点：北京

◀ 热情的北京球迷在机场欢迎创造“首钢王朝”的功臣们凯旋。

时间：2015.4.2
地点：北京

◀ 北京男篮在万事达中心举行球迷答谢会，与球迷们重温夺冠时刻。

▼ 闵鹿蕾（前）在球迷答谢会上玩起投篮游戏。

时间：2015.4.2
地点：北京

▲马布里（前）在球迷答谢会上展现了“西域舞娘”的风姿。

为北京三大球点赞

▲ 2012 年 2 月 21 日，北京女篮在颁奖仪式后合影。当日，在 2011-2012 赛季中国女子篮球甲级联赛（WCBA）总决赛第三场比赛中，北京金隅队以 89：84 战胜浙江稠州银行队，以 3：0 的总比分夺得总冠军。

北京男篮建立的“首钢王朝”只是北京体育事业大发展的一个缩影。近年来，北京男足、女篮、男排都先后染指全国联赛冠军，三大球的“比翼齐飞”极大促进了北京体育事业的迅猛发展，令人欣慰。因此，本书在最后的篇章为北京三大球点赞，同时也为北京体育人的顽强拼搏、真抓实干精神以及广大市民、各级组织的鼎力支持点赞。

“长江后浪推前浪，一代更比一代强”，伴随中国体育产业迈向黄金时代的步伐，我们相信，北京体育事业的明天会更加美好！

▲ 2014 年 3 月 25 日，北京汽车队球员在颁奖仪式上庆祝夺冠。当日，在 2013-2014 赛季中国男子排球联赛冠亚军决赛第三场比赛中，北京汽车队客场以 3 : 1 战胜上海唐朝队，以 2 : 1 的总比分夺得联赛冠军。

▼ 2009 年 10 月 31 日，在 2009 赛季中超联赛最后一轮比赛中，北京国安队主场以 4：0 战胜杭州绿城队，首次夺得联赛冠军，主教练洪元硕被北京国安队球员抛起庆祝。